Woesner Brothers

FAUST – Die Komödie

Eine Satyre in drei Akten

Woesner Brothers Entertainment

Bibliografische Information der Deutschen Bibliothek:

Die Deutsche Bibliothek verzeichnet diese Publikation in der Deutschen Nationalbibliographie; detaillierte bibliografische Daten sind im Internet unter http://www.dnb.d-nb.de abrufbar.

Woesner Brothers Entertainment GbR – Theaterproduktion
Ingo und Ralph Woesner, 2008
Rykestraße 37, 10405 Berlin
Tel.: 030 / 440 990 4 — Fax: 030 / 44 05 43 49
eMail: kontakt@woesner-brothers.de
www.woesner-brothers.de

Herstellung und Verlag: Books on Demand GmbH, Norderstedt
Werk-Text: Ralph Woesner, Mitarbeit Ingo Woesner
Umschlaggestaltung und Satz: Ingo Woesner
2. (überarbeitete) Auflage
Printed in Germany

ISBN-13: 978-3-8370-2657-3

Figuren

1 Faust
2 Mephisto
3 Gretchen – in Wahrheit Erzengel Raphaela in irdischer Mission

4 Gott
5 Erzengel Michael
6 Erzengel Gabriel
7 Erzengel Raphaela
8 Hexe Xenia

9 Günther von Wagen – Faustens Ziehsohn und Mitarbeiter
10 Jungfer Marthe – Faustens Nachbarin
11 Oberamtsvorsteher Klotz – ein Bürokrat
12 Unteramtsgehilfe Stange – Klotzens Mitarbeiter
13 erster Totengräber
14 zweiter Totengräber
15 dritter Totengräber
16 vierter Totengräber

Orte und Zeit des Geschehens

Himmel, Faustens Haus, Friedhof, Wirtshaus, Hexenhöhle.
Irgendwann im Mittelalter.

Anmerkungen zur Besetzung

Im vorliegenden Text treten sechzehn Figuren in Erscheinung.

Das Ensemble der Uraufführung bestand aus sieben Spielern (zwei Frauen und fünf Männern). Die Rollenverteilung sah folgendermaßen aus:

Schauspielerin	A:	Erzengel Raphaela, Gretchen, ein Totengräber
Schauspielerin	B:	Hexe Xenia, Jungfer Marthe, ein Totengräber
Schauspieler	C:	Gott, Faust
Schauspieler	D:	Mephisto
Schauspieler	E:	Erzengel Michael, Günther von Wagen
Schauspieler	F:	Erzengel Gabriel, Oberamtsvorsteher Klotz, ein Totengräber
Schauspieler	G:	Unteramtsgehilfe Stange, ein Totengräber

I. AKT – 1. Szene

Himmel

Erzengel Raphaela, Erzengel Gabriel, Erzengel Michael treten auf.

MICHAEL — Nun sag' schon, sag' schon! Was hast du erfahren?
Wie ist Gottes Stimmungslage?

GABRIEL — Genau, sprich, wie ist des Vaters Laune heut',
an des Urknalls großem Jahrestage?

RAPHAELA — Nun, der Chef läßt sich bei jedem Anlaß gerne feiern, wie ihr wißt,
und aus diesem Grunde kann ich sagen, daß er heut' guter Laune ist.

MICHAEL & GABRIEL — Dem Universum sei Dank!

RAPHAELA — Dem Universum sei Dank, ja, ja. Nur gilt es,
Gott bei dieser guten Laune auch zu halten.
Und das wird ziemlich schwer,
wenn er nach der Entwicklung seiner Menschheit fragt.

MICHAEL & GABRIEL — Ach je, ach je, ach je!

RAPHAELA — Denn ihr wißt ja, daß die Menschen sich nicht g'rad nach seinem Wunsch verhalten.

MICHAEL & GABRIEL — Ach je, ach je, ach je!

MICHAEL — Wir müssen ihm halt reichlich Honig um das Bärtchen schmier'n.

GABRIEL — Dann wird er trotz der doofen Menschheit seine gute Laune nicht verlier'n.

RAPHAELA — Und was machen wir, wenn er nach seinem Lieblingssohn,
dem Doktor Heinrich Faust, uns fragt?

Gabriel und Michael sehen sich entsetzt an.

MICHAEL &
GABRIEL — Dann hab'n wir ein Problem!

RAPHAELA — Das kann man wohl sagen;
denn die Wahrheit über Faust
wird ihm ganz sicher nicht behagen!

MICHAEL &
GABRIEL — Ach je, ach je, ach je!

MICHAEL — Still! Denn seht, wie's just zerreißt die Wolkendecke!
Packt die Schmeicheltöne aus, da Gott in diesem
Augenblick
schwebt dort um die Ecke.

Gott tritt auf.

ERZENGEL — *singen* Hoch lebe, hoch lebe,
das Unten, das Oben,
und die Mitte dazwischen
sei darin verwoben.
Hoch lebe, hoch lebe,
das göttliche Werk.

GOTT — Habt vielen Dank, ihr Treuen!
Heut' ist ein großes Fest, wir wollen uns gemeinsam
freuen.
In nur sechs Tagen hab' ich eine Welt erschaffen,
sogar für mich war dieser Kraftakt schwer;
am vierten Tag begann ich plötzlich zu erschlaffen
und am fünften konnt' ich fast nicht mehr!

MICHAEL — Doch am End' hatt'st du das Werk vollbracht …

ERZENGEL — *singen* … und die Schöpfung war perfekt gemacht!

GOTT — Danke, danke. Auch wenn das Schöpfen mir ist
manchmal eine Qual
und mir zuweilen vor dem Gott-Sein graut –
was soll ich tun? Ich bin der Schöpfer nun einmal
und kann nicht 'raus aus meiner Haut.

ERZENGEL — Ja, es liegt das Schöpfen dir im Blut!

GOTT — So ist es! Doch nun berichtet: Geht es meinen
Fischen gut?

MICHAEL Ja, Vater! Sie tummeln munter sich und schön
in Meeren, Flüssen und auch Seen.

GOTT Und wie steht's mit den Pflanzen auf dem Land,
die ich erschuf mit liebevoller Hand?

GABRIEL Sie wachsen ganz nach deinem Sinn
alle fröhlich vor sich hin!

GOTT Und was tut sich bei den Tieren,
die Wüsten, Wald und Wiesen zieren?

RAPHAELA Ob klein, ob groß, ob schwach, ob mächtig –
sie gedeihen alle wirklich prächtig!

GOTT Und was treibt mein Menschheitsmustersohn, der Dr. Heinrich Faust?

Die Erzengel sehen sich an, räuspern sich.

GOTT Wollt ihr wohl antworten!

GABRIEL Nun, er erforscht die Welt …

RAPHAELA … weil sie ihm so, wie sie von dir erschaffen …

MICHAEL … von vorn bis hinten nicht gefällt!

GOTT Was?

GABRIEL Er will dein Gotteswort als Gesetz und Grenze nicht mehr schätzen
und sucht es neu zu übersetzen.

GOTT Wie?

MICHAEL Kiloweis' Papier hat er beschmiert,
und die Bibel völlig umfrisiert.

GOTT Papier ist sehr geduldig,
das macht ihn noch nicht schuldig.

RAPHAELA Aber sein irres Wollen, es läßt mit keinem Maß sich messen.

GABRIEL Er ist vom Forschen und Verändern wie von einem Wahn besessen.

MICHAEL Deine Werksgeheimnisse, er lüftet sie an allen Ecken.

RAPHAELA Im Moment versucht er gar, Verstorbene zum Leben zu erwecken.

GOTT Verstorbene erwecken? Mein lieber Scholli, der Mann ist ja gefährlich für die Welt!

RAPHAELA Richtig. Und bevor er Schlimm'res kann ausbrüten …

GABRIEL … mußt du die Forschung ihm verbieten!

GOTT Das kann ich nicht! Das geht auch nicht, beim besten Willen nicht!
Ich hab' den Menschen ja den freien Willen einst gegeben
und kann nun über dies Gesetz mich selber nicht erheben.
Auch wenn die Tatsache mich graust,
gilt dieser Grundsatz auch für Faust!

ERZENGEL Aber du kannst dich jetzt doch nicht von dannen heben!

GOTT Warum nicht? Ich kann Fausten Einhalt nicht gebieten
und ihn tilgen auch nicht aus dem Leben!

RAPHAELA Aber Vater! Das brauchst du doch auch nicht …

MICHAEL … das könnt' er nämlich selber tun …

GABRIEL … und wir sind fröhlich aus der Pflicht.

GOTT Wie meint ihr das?

RAPHAELA Nun, der Faust, der ist doch ein exzentrischer, vertrackter,
teils manischer, teils depressiver Kopfcharakter.

MICHAEL Den einen Tag ist er euphorisch und genial,
den andern Tag frustrieren tiefe Zweifel ihn und bitt're Seelenqual.

GABRIEL An solchen dunklen Tagen spielt er oft mit dem Gedanken,
für immer endlich abzudanken!

RAPHAELA Im Grunde müßt' man nur ihn etwas länger schön frustrier'n …

ERZENGEL *singen* … dann entschlösse er sich ganz von selbst, für immer abzuschmier'n.

GOTT Hm. Der Plan klingt gut:
Den Entschluß zum Selbstmord würde er von sich aus fassen,
und der freie Wille wär' ihm so gelassen.
Doch wer sollt' diesen Auftrag übernehmen?
Mir als Schöpfer fehlt zum Böse-Sein der dunkle Trieb,
und auch ihr als Engel seid fürs Faust-Frustrier'n zu lieb.

ERZENGEL Ach je, ach je, ach je …

Es klopft.

GOTT Wer ist das denn jetzt?!

Gott gibt Erzengel Gabriel einen Wink, und Gabriel schaut vor die Türe.

GABRIEL	Es ist der Mephistopheles!
GOTT	Ach je, der Pferdefuß. Das hat mir gerade noch gefehlt, daß mich der Schwefelstinker quält.
MICHAEL	Aber Vater, auch wenn er stinkt, kommt er doch wie gerufen …
RAPHAELA	… denn er kann sicher uns den Faust verführ'n …
ERZENGEL	*singen* … zum Sich-selbst-Eliminier'n!
GOTT	Also schön, reicht mir meinen Heil'genschein und laßt das Rußgesicht herein!

I. AKT – 2. Szene

Himmel

Mephistopheles tritt auf.

MEPHISTO	Ah! Welches Licht und welche Fülle strömt mir hier in die Pupille. Welche Herrlichkeit und welche Kraft strotzt hier vor mir voll Lebenssaft. Vor einem solchen Universum macht selbst der Teufel sich gern krumm. So grüße ich mit Inbrunst und mit Freude die Nummer Eins im Weltgebäude.
GOTT	Was willst du? Komm' zur Sache!
MEPHISTO	Was ich will? Ja, das ist nicht leicht erklärt, obwohl es zu erklären, mein Herz doch sehr begehrt.
GOTT	Ich hab' für dich nicht ewig Zeit.
MEPHISTO	Ja, natürlich, tut mir leid. Nun, so will ich dir, was mich herführt, sagen: Mich plagt ein Heimweh seit ein paar schlimmen Tagen.
ERZENGEL	Heimweh?
MEPHISTO	Ja.
GOTT	Nach dem Himmel?
MEPHISTO	Noch mal ja.
GOTT	Du verstehst sicher, daß ich skeptisch bin. Wie kam es zu der Wendung hin?

MEPHISTO Tja, ich weiß seit ein'ger Zeit nicht recht, was weiter soll noch aus mir werden.
Was zu erreichen war auf Erden,
das habe ich erreicht:
Die Schöpfungsordnung ist so gut wie aufgeweicht.
Das wär' auch ganz nach meinem Sinne, nur:
Hab' ich anfangs noch die Menschen lang umworben,
um ihre Seelen mit allen diabolischen Allüren
in mein Gefild' hinabzuführen,
sind sie heut' als Säugling schon verdorben.
Was du erschaffen einst im kreativen Schube,
ist heute eine einz'ge Jauchegrube.

Gott und die Engel sind empört.

Mit einem Wort: Heut' wächst die Finsternis alleine groß,
und ich bin dauerarbeitslos.
Aus diesem Grund verlor ich meine Lust, mich im Ird'schen weiter 'rumzudrücken,
und wünsche nur noch eines mir: wieder Flügel auf dem Rücken.

GOTT Also das ist doch …!
RAPHAELA *zu Gott* Bleib' ruhig und schick' ihn nicht von dannen …
MICHAEL *zu Gott* … sonst entfleucht uns die Gelegenheit …
GABRIEL *zu Gott* … für unser Ziel ihn einzuspannen!
GOTT *zu den Engeln* Ist ja gut, ist ja gut …
zu Mephisto Du tratest also hin vor meinen Thron,
weil du nach Hause willst, mein Sohn?
MEPHISTO So ist es, liebes Väterchen.
GOTT Nun gut, ich will eine Chance dir geben.
MEPHISTO Was du willst, werd' ich erstreben.
GOTT Du kennst sicher doch den Doktor Heinrich Faust.
MEPHISTO Den schrulligen Gelehrten,
der stets in feuchten Stuben haust?
GOTT Ja.
MEPHISTO Was ist mit dem?
GOTT Er ist mir unbequem.
MEPHISTO Also ein Mordauftrag?

GOTT Nein! Das heißt, nicht direkt, wie soll ich sagen …
MEPHISTO Keine Sorge, ich streck' ihn hin mit einem Schlag.
GOTT Nein! In keinem Falle darfst vergießen du sein Blut.
Wenn sein Leben endet, dann so, daß er es selber tut.
MEPHISTO Was? Seinen Selbstmord soll ich provozieren? Oh, das wird nicht leicht.
Glaub' mir, deine Menschen hängen fest am Leben.
Selbst wenn jemand arg betrübt durchs Dasein schleicht
und von Selbstmord ständig redet,
wird er am End' sein ärmlich' Leben
doch nur widerwillig geben.
GOTT Ach, Faust stand oft schon an der Jenseitsschwelle.
Frustrierst du ihn nur richtig,
dann geht den letzten Schritt er schnelle.
MEPHISTO Nun, wenn du es willst, nehm' ich den recht speziellen Auftrag an,
das heißt, wenn der Himmel mich bezahlen kann …
GOTT Bezahlen? Du kriegst hinten wieder Flügel dran;
das muß als Gegenleistung reichen!
MEPHISTO Aus deiner Sicht vielleicht, doch mich kann das noch nicht erweichen.
GOTT Ja, faß' ich's denn – was willst du mehr noch für die Faust-Entsorgung haben?
MEPHISTO Nun, da ich viele tausend Jahre lang
der Herrscher war im Erdgewimmel,
will ich zum Eingewöhnen hier
auch mal sein der Chef im Himmel.
MICHAEL Unerhört!
GABRIEL Unglaublich!
ERZENGEL *singen* Unfaßbar!
GOTT *zu den Engeln* Ruhe! Ihr habt mich selber drauf gebracht.
Und wenn nicht wer dem Faust das Handwerk legt,
dann hat mit seiner Wissenschaft er bald mein Schöpfungswerk hinweggefegt.
ERZENGEL Aber Vater!
GOTT Hört endlich auf zu schnattern jetzt, da's sonst gewaltig kracht.

Also hör', Mephisto, sollte Faust beiseit' zu schaffen wirklich dir gelingen,
kannst du von mir aus hier für kurze Zeit das Zepter schwingen.

ERZENGEL Ach je, ach je, ach je …

GOTT Ruhe! Ich muß eh' mal Urlaub machen.
zu Mephisto Doch daß die Dinge auch nach Recht und Ordnung geh'n,
werden meine treuen Englein hier fest an deiner Seite steh'n.

ERZENGEL Ach je, ach je, ach je …

Gott ab.

MEPHISTO Nur keine Sorge, wir werden uns versteh'n.
Und wenn nicht, werd' ich dem Federvieh
mit schnellem Griff den Hals umdreh'n.

ERZENGEL Ach je, ach je, ach je! Das ging ja schön nach hinten los!

Engel ab.

MEPHISTO *zum Publikum* Ich als Chef im Erdgewimmel,
werd' bald vielleicht der Chef im Himmel!
Wie nimmt sich dieser große Traum
in meinem Innern großen Raum!
Nun, ich werd' den Faust derart frustrieren,
daß er zum Grabe kriecht auf allen vieren.
Und dann sitzt bald der Höllensohn
gottgleich auf dem Himmelsthron!

Mephisto ab.

I. AKT – 3. Szene

Faustens Haus

Faust und Günther treten auf, Günther schiebt eine Sackkarre vor sich her, auf der eine Leiche festgebunden ist. Auf dem Kopf trägt die Leiche einen großen schwarzen Hut.

FAUST Hurtig, Günther, hurtig, hurtig!
Mit etwas Eile kann dem Leichnam Leben einzuhauchen
diesmal uns noch glücken.
Wie lange lag er in der Gruft?

GÜNTHER Oh, was ich gleich sage, wird Euch sehr entzücken:
Er holte eine Stund' vor der Bestattung noch
ziemlich kräftig Luft.

FAUST Eine Stunde nur!

GÜNTHER Ja!

FAUST Herrlich!

GÜNTHER Den Verwandten war die Testamentseröffnung wichtiger,
als lang am Bett des frisch Verstorb'nen auszuharr'n.
Und gegen ein paar Silbertaler wollten sie
erst recht mit der Bestattung rasch verfahr'n!

FAUST Das hast du gut gemacht, mein Günther.

GÜNTHER Und ein paar weit're Taler wiesen auch des Priesters
Widerstand in seine Schranken.

FAUST Oh, die Wissenschaft wird es dir ewig danken.

GÜNTHER Und kaum war'n alle dann vom Friedhof weg,
wühlt' den Herrn ich aus dem Dreck.

FAUST Bestens, Günther, bestens! Und nun die Spritze her.

GÜNTHER Hier ist das gute Stück.

FAUST Hoffen wir, sie bringt uns diesmal Glück.
Denn gefüllt ist sie mit meiner Arbeit allerneu'ster Zier,
einem gänzlich neuen Auferstehungs-Elixier.

GÜNTHER Vielleicht geht ja nun endlich in Erfüllung die Vision
von einem Zusatz-Mitarbeiter ganz aus eig'ner
Produktion.

FAUST — Ja, vielleicht. Und dann wär' endlich Schluß mit all den Bettelgängen
bei den Ämtern uns'rer Stadt.
Schluß mit dem Bitten und dem Drängen,
oh, wie hab' die Schleimerei ich satt,
daß sie meine Forschungen, die nachweislich dem Fortschritt nützen,
mit Personal und Geld ein wenig unterstützen!

GÜNTHER — Ja, es wird heute viel zu viel gespart,
und das ist für uns Forscher hart.

FAUST — Dabei brauche ich so dringend einen Partner, dessen Geist dem meinen gleicht,
da für das Riesenforschungspensum meine Kraft allein nicht reicht.

GÜNTHER — Aber mein Doktor, Ihr habt doch mich, drum seid Ihr nicht allein.

FAUST — Doch, Günther, doch, ich bin es. Denn in jene Sphären,
in die mein Genius sich hineinbewegt,
kommst du mit deinem Durchschnittsgeist nicht rein.

GÜNTHER — Aber mein Doktor …

FAUST — Nun hör' schon auf zu grummeln, Günther.
Glaube mir, genial zu sein,
ist oftmals gar nicht fein:
Ein Genius ist kein Mensch der Masse;
er ist oft einsam wie ein Stein,
hat selten Geld in seiner Kasse,
und sein übervoller Geist hängt oft ihm wie ein Klotz am Bein.

GÜNTHER — Mein Doktor, bitte …

FAUST — Du hast Recht, ich verwurst'le mich.
Setzen lieber wir
den allentscheid'nen Stich!

Sie stechen die Spritze in den Körper. Die Leiche bewegt sich.

LEICHE — Aaaah …

GÜNTHER — Er hat gezuckt.

LEICHE — Aaaahhh …

FAUST Er hat geruckt.
LEICHE Aaaahhh …
GÜNTHER Das Elixier, es baut ihn auf!
FAUST Und sein neues Leben nimmt fröhlich seinen Lauf!

Die Leiche sackt in sich zusammen und erstarrt wieder.

FAUST & GÜNTHER Oh.
GÜNTHER Sein neues Leben währte nur sehr knapp,
er gab den Löffel wieder ab.
FAUST Verflucht! Verflucht! Verflucht!
GÜNTHER Mein Doktor, bitte, bitte!
FAUST Verflucht! Verflucht! Verflucht!
GÜNTHER Denkt an Euren Blutdruck doch!
FAUST Hätt' ich nur auf jenen Traum gehört, der mich die ganze letzte Nacht gequält
und der mir klar verhieß, daß am Elixier noch etwas fehlt!
GÜNTHER Aber was? Welche Zutat könnt' das sein?
FAUST Woher soll ich das wissen. Was ich fand, das tat ich 'rein:
Eisenhut und Küchenschelle, Spinat und angefaultes Brot,
Rattenhaar und Apfelmus, schön vermengt mit Hühnerkot!
Auch hab' ich Schwefelsäure, Essigwein,
Spinnengift und Schlangenhaut,
Terpentin und Höllenstein
ins Elixier hineingebraut.
Was dran fehlt?! Ich weiß es nicht!
Oh, nur Dunkelheit in meinem Geist, nur Dunkelheit und nirgends Licht!
GÜNTHER Bevor Ihr wieder lauthals flucht –
habt Ihr's mal mit Weiberschweiß versucht?
FAUST Weiberschweiß? Wie soll ich an Weiberschweiß denn kommen?
GÜNTHER Ihr habt recht.
Frischer Weiberschweiß ist wohl für uns asket'sche Diener, ach, der Wissenschaft
ein wahrlich ganz besond'rer Saft.

FAUST — Ein Saft, den wir nur schwer erreichen können,
weil uns Welten von ihm trennen.

GÜNTHER — Und doch ist Weiberschweiß ganz sicher hier
die Zutat, die uns fehlt am Elixier.
Denn die Frau gebiert und schenkt das Leben
Drum kann schon eine Winzigkeit von ihr jeden toten Mann beleben.

FAUST — Das mag sein, doch da den Frauen ich seit Jahren aus dem Wege gehe,
ist wohl klar, daß ich in diesem Fall auf recht verlor'nem Posten stehe.
Und jetzt laß' mich in Ruhe.
Ich muß den Rückschlag ganz für mich allein verknuspeln.

Faust ab.

I. AKT – 4. Szene

Faustens Haus

GÜNTHER — Aber mein lieber Doktor, bitte, bleibt doch noch.
Herrn Faustens Depressionen bei jedem kleinen Rückschlag
sind wirklich nicht zum Lachen.
Doch weil ich ihn verehre, bleib' ich bei ihm Tag für Tag,
um ihm zu helfen, große Wissenschaft zu machen.
Nanu, was ist denn mit der Leiche los?
Das Elixier, es hat, wie's scheint, das Fleisch der Leiche konserviert.
Der Kerl wirkt so lebendig plötzlich und auch plastisch,
daß man fast sagen möchte, er wär' lebendig plastiniert.
Kleinen Moment! Für solche Leichen würden manche Leute sicher sehr viel Geld ausgeben.
Und wenn nicht: Zehn von ihnen auf einem Jahrmarkt und in einem eig'nen Zelt,

teils am Rumpf geöffnet, teils gehäutet und in
verschied'nen Posen ausgestellt,
brächten reichlich Zuschauer und damit Moos in
uns're Kassen.
Dann könnt' Herr Faust das Betteln bei den Ämtern
endlich lassen!

Er nimmt der Leiche den schwarzen Hut vom Kopf und setzt ihn sich selber auf.

GÜNTHER

Man mag verrückt mich schelten,
doch bald bau' ich aus Körpern Welten!

Günther irre lachend mit dem Leichnam ab.

I. AKT – 5. Szene

Faustens Haus

Faust tritt auf.

FAUST

Wo ich stehe, wo ich gehe:
Grenzen!
Wohin ich höre, wohin ich sehe:
Grenzen! Grenzen!
Was ich auch denke, was ich tue,
ob ich forsche oder ruhe:
Grenzen! Grenzen! Grenzen!
Es ist, als ob mit meinem Genius ich mich immer
nur im Kreise drehe!
Hab' ich nicht mehr als reichlich analysiert,
experimentiert, geschrieben und gelesen,
mehr als reichlich – wie viel genau, das läßt sich
kaum erfassen –,
Thesen entworfen und ebenso viele Thesen
nach dem Entwerfen wieder fallen lassen,

nur um zu erkennen, was die Welt
im Innersten zusammenhält?
Und trotzdem gelingt es nicht mir altem Gecken,
einen gerade erst verstorb'nen Mann zum Leben zu erwecken.
Und was fehlte mir, daß der Erfolg mich ließ im Stich?
Weiberschweiß! Lächerlich!
Nein, es hat keinen Sinn hier weiter lebend 'rumzudilettieren:
Da mir das Erdendasein stinkt,
bin ich voller Hoffnung,
daß mir ein Wissenschaftler-Heldentod zum Abschluß etwas Freude bringt.

Er holt eine altmodische Pistole heraus und hält sie sich an die Schläfe.

FAUST Leb' wohl … Heinrich.

Er drückt ab, doch es fällt kein Schuß.

FAUST Kein Pulver drin.
So macht Selbstmord weder Spaß noch Sinn.

Von draußen die Stimme von Faustens Nachbarin Jungfer Marthe.

MARTHE Herr Doktor Faust, wo seid Ihr?

I. AKT – 6. Szene

Faustens Haus

FAUST Auch das noch, Jungfer Marthe, meine Nachbarin.
Fünf Mal am Tag klopft sie hier an,
nichts and'res nur als mich im Sinn!

Er versteckt die Waffe. Jungfer Marthe tritt auf.

MARTHE Ah, Herr Faust, schön, daß ich Euch treffe an.
Ich kam vom Markte gerade,
und wie vorbei ich bei Euch ging, da zwickt's mich plötzlich in der Wade.
Und weil ich weiß, wie sehr Ihr mir seid hold,
faßt' ich es als Zeichen auf, daß Ihr mich sehen wollt.

FAUST Eure Zeichendeutungskunst war, was mich betrifft, ja schon immer sehr berühmt.
Doch sag' ich Euch ganz unverblümt,
mein Wunsch war's weder in die Wade Euch zu kneifen,
noch Euch sonst wohin zu greifen!

MARTHE Ihr glaubt nicht, wie ich Euren spröden Charme ins Herz geschlossen habe,
und wie sehr ich stets mich an ihm labe!

FAUST Sehr schön für Euch, daß Ihr so zugetan mir seid;
nur beruht dies nicht auf Gegenseitigkeit!

MARTHE Ach, auf Eure Worte ist nicht viel zu geben.
Sie dienen Euch als Tarnung nur für Euer wahres Innenleben.

FAUST Ihr seid wie üblich sehr gut über mich im Bilde!

MARTHE Natürlich bin ich das! Ich weiß ganz genau, daß Ihr im Innern ständig an mich denkt
und daß Ihr Euch, geh' am Fenster ich vorbei, Euren Hals nach mir verrenkt.

FAUST Ha! Da habt Ihr Euch was eingeredet. Und nun sagt endlich an: Was führt Ihr im Schilde?

MARTHE Eine Einladung zum Essen am Abend heut' bei mir!

FAUST Tut mir leid,
hab' keine Zeit.
Da drüben ist die Tür!

MARTHE Ich seh', Ihr braucht noch Zeit,
und zu warten bin ich gern bereit.
Vorerst werde ich zufrieden sein,
laßt Ihr mich ab und zu herein.
Später dann wär's schön, wenn Ihr mir mal beim Abwasch nett zur Seite steht
und zur Hand mir auch im Garten geht.

	Denn als Frau allein kommt man beim Unkraut-aus-den-Steinen-Ritzen
	zuweilen ziemlich unfraulich ins Schwitzen …
FAUST	Was geht mich das an, ob Ihr beim Unkraut-aus-den-Steinen-Ritzen …
	Kleinen Moment! Sagtet Ihr g'rad … „schwitzen"?
MARTHE	Ja, ja, das sagte ich.
FAUST	Frau Marthe, ich hab' mir gerad' gedacht, ich komm' heut' doch einmal zu Euch zum Abendbrot.
MARTHE	Ihr macht mich glücklich, still und stumm!
FAUST	Aber vorher graben wir im Abendrot noch schwitzend Euren Garten um.
MARTHE	Alles, was Ihr wollt, alles, was Ihr wollt …
FAUST	*im Abgehen* Hoffentlich wirft mich ihr Fischaroma bei der Spatenarbeit nicht ins Koma.

Faust ab.

MARTHE	*im Abgehen* Oh, mein Doktor! Ich werde für Euch schwitzen, aus allen Körperritzen …

Jungfer Marthe ab.

I. AKT – 7. Szene

Faustens Haus

Oberamtsvorsteher Klotz und Unteramtsgehilfe Stange treten auf.

KLOTZ	Nun kommt schon, kommt schon, Herr Unteramtsgehilfe Stange.
STANGE	Ich kann nicht mehr, Herr Oberamtsvorsteher Klotz, der Arbeitstag, er dauert heut' schon viel zu lange.
KLOTZ	Er dauert länger nicht als sonst, es ist nur Euer Widerstand und Euer Trotz

gegen die Pflichten der Beamtentätigkeit,
die Euch derart zieh'n den Tag so breit.

STANGE Ihr habt gut reden. Dabei habt Ihr selber niemals bei der Arbeit Eile.

KLOTZ Unverschämtheit! Wie könnt' Ihr's wagen,
mir als Eurem Vorgesetzten so etwas zu sagen!

STANGE Weil es stimmt. Ihr sterbt im Amt genau wie ich vor Langeweile!

KLOTZ Unteramtsgehilfe Stange, ich befehle Euch zu schweigen!
Denn …

STANGE Denn?

KLOTZ Denn … leider habt Ihr recht. Es ist nichts los in diesem provinziellen Nest.
Wir sind nur noch dazu da, uns're Sessel warm zu halten …

STANGE … und den allgemeinen Stillstand zu verwalten.

KLOTZ Wenn nicht bald was Neues mal passiert, gibt der Stumpfsinn mir den Rest!

STANGE Mir auch.

KLOTZ Warum sind wir gleich noch einmal hier?

STANGE Herr Doktor Faust ist überfällig mit der Abwassergebühr!

KLOTZ Und dafür schickt man nun den Oberamtsvorsteher los.
Ach, was ist mit diesem Land bloß los!

Günther tritt auf, trällernd die leere Karre vor sich herschiebend.

GÜNTHER Tralatralatrala …

KLOTZ Guten Tag, Herr Günther.

GÜNTHER Ha! Herr Oberamtsvorsteher. Wir könnt Ihr derart mich erschrecken,
ich hätte können leicht an Herzstillstand verrecken.

KLOTZ Nehmt's nicht persönlich. Es sind des dumpfen Amtes öde Pflichten,
die dazu führen, was zu tun ist, taktlos manchmal zu verrichten.
Wir wollen nur kassieren
die Brauch- und Abwassergebühren.

GÜNTHER Ach Gott, ja, die Gebühren,
die vergißt der Doktor immer abzuführen.

STANGE Nun, so ein großer Forscher kann ja auch mal was vergessen.
Da woll'n wir nicht mit allzu strengen Maßen messen.

KLOTZ Ihr geht ja recht kulant mit dem Gelde uns'res Staates um.

STANGE Warum denn nicht, der Staat geht so ja auch mit unser'm um.

KLOTZ Das gehört jetzt nicht hierher!

GÜNTHER Beruhigt Euch doch, hier ist das Geld, ich geb' auch etwas mehr.

KLOTZ Ihr seid zu nett. Sagt dem Doktor, wir bewundern seine Arbeit sehr.

GÜNTHER Ich werd' es ihm bestellen.

KLOTZ Woran forscht er denn so gerade?

GÜNTHER Woran er forscht? Äh, das kann ich im Detail Euch selber gar nicht sagen.
Es sind recht komplexe Dinge, die mein Verständnis überragen.

KLOTZ Ach, das wäre wirklich schade,
wenn wir nicht einen einz'gen Satz erführen,
worum sein Forschen sich so dreht?

GÜNTHER Nun, dann sage ich: Das Leben.
Übers Leben forscht er früh bis spät.

Die Totenglocken beginnen zu läuten.

KLOTZ Wie passend, daß dazu gleich die Totenglocken ihre Stimm' erheben.

Klotz und Stange lachen.

GÜNTHER Die Totenglocken! Meine Herrn, ich kann nicht weiter ruh'n,
ich hab' noch schrecklich viel zu tun.
Gehabt Euch wohl.

Günther schnell ab.

STANGE Weg ist er. Ja, die Leut' der Wissenschaft
treibt stets die Arbeitsleidenschaft.

KLOTZ Mir schien er nicht von Arbeitssehnsucht fortgetrieben.
Mir schien eher, als würden diese Totenglocken
einen dunklen Sog auf ihn ausüben.

STANGE Interpretiert Ihr jetzt da nicht was hinein?

KLOTZ Nein!
Mein Amtsgespür sagt mir, in diesem Hause ist was faul.
Und dem nachzugehen, das ist uns're Pflicht.

STANGE Gut, dann melden wir's wohl besser schnell dem Kriminalgericht.

KLOTZ Nein, hier bleiben wir am Ball!
Denn vielleicht ist, was hier läuft, ein richtig großer Fall.

Klotz ab.

STANGE *hinterher rufend* Aber für solche Sachen sind wir doch gar nicht zuständig …

Stange ab.

I. AKT – 8. Szene

Friedhof

Faust und Günther treten auf, Günther mit der Spritze und einem Brecheisen.

GÜNTHER Und Ihr beschafftet wirklich Weiberschweiß?

FAUST Ja! Doch, bei Gott, zu welchem Preis.
Ihr nasses Kleid, das gab Frau Marthe gerne,
doch gab sie's mir nicht aus der Ferne.
Ich mußte mehr als näher rücken
und dann … Na ja!
Ich war tapfer und überließ mich ihrer Leidenschaft,
denn es war ja für die Wissenschaft!

GÜNTHER	Mein armer Herr Doktor.
FAUST	Entscheidend ist doch nur, daß dadurch hier nun vollkommen ist das Elixier!
GÜNTHER	Hoffen wir, daß uns die Totenglocken eine gute Leiche bringen.
FAUST	Ich bin sicher, daß diesmal die Erweckung wird gelingen. Beiseit', da komm'n die Totengräber schon.

Beide ziehen sich zurück und beobachten die Szenerie aus einem Versteck.

I. AKT – 9. Szene

Friedhof

Vier Totengräber treten auf, mit einem Sarg auf einer Sackkarre.

GRÄBER *singen* Wir Totengräber schleppen
die große Leichenkiste,
uns're Rücken sind krumm.
Ho hoooo!
Wir streichen stets das Altfleisch
von Gottes Lebensliste,
denn Leichen sind stumm.
Ho hoooo!
Uns're Kehlen sind rau, und rau ist unser Ton.
Wir sind die Totengräber der Nation.
Ho hoooo, ho hoooo, ho hoooo.

Die Totengräber stellen die Karre ab und holen kleine Schnapsflaschen hervor.

GRÄBER 1	Mann, ist das ein schweres Tier.
GRÄBER 2	Früher war'n die Leichen nicht so schwer.
GRÄBER 3	Früher war'n wir nicht nur vier.
GRÄBER 4	Früher starben Leute schneller, wir war'n der Totengräber mehr.

GRÄBER 1 Daß die Leich' so schwer ist, liegt heutzutage wohl am Essen.

GRÄBER 2 Wohl wahr, das Land ist satt und vollgefressen.

GRÄBER 3 Wen wundert es. Das Viehzeug drin im Stalle
steckt bis zum Rand voll' Schwermetalle.

GRÄBER 4 Auch das war früher besser, da hieß es früh bis spät:
Was aus Deutschland kommt, hat Qualität.

GRÄBER 1 Heute findet man hier weit und breit
nur noch Mittelmäßigkeit.

GRÄBER 2 So ist ein jeder Leichnam Spiegel seiner Zeit.

GRÄBER *alle zusammen* Prost.

Die Totengräber trinken. Faust und Günther kommen aus ihrem Versteck. Faust hat sich verhüllt.

GÜNTHER Haltet ein, Ihr Herren, wartet noch.
Ein Verwandter hat sich just gefunden.
Bevor Ihr schmeißt den Kerl ins Loch,
will er noch Abschied nehmen, höchstens ein, zwei Stunden.

GRÄBER 4 Ein, zwei Stunden sind recht lange.

GRÄBER 1 Kommen wir zu spät nach Haus' …

GRÄBER 2 … nehm' uns're Frau'n uns in die Zange.

GRÄBER *alle zusammen* Dafür werd'n wir nicht bezahlt!

GÜNTHER Beruhigt Euch, Leute, Euer Schaden soll's nicht sein.
Es gibt für jeden einen Taler. Und nun laßt uns allein.

GRÄBER 4 Das ist ein Wort.

GRÄBER *alle zusammen* Da sagen wir nicht nein.
singen im Abgehen Uns're Kehlen sind rau, und rau ist unser Ton.
Wir sind die Totengräber der Nation.
Ho hoooo, ho hoooo, ho hoooo.

Totengräber ab.

FAUST Wie schon die Aussicht doch auf etwas Wohligkeit
des Menschen Heiterkeit befreit!
Nun denn …

Günther öffnet mit dem Brecheisen den Sarg.

FAUST Vorsicht, Günther, Vorsicht,
du zerstörst sonst sein Gesicht!

Mephisto kommt zum Vorschein.

GÜNTHER Donnerwetter! Für eine Leich' sieht er recht frisch noch aus.
FAUST Umso besser, umso besser!
GÜNTHER Schleppen wir ihn erst nach Haus'?
FAUST Nein, wir testen jetzt gleich hier
an ihm das Elixier.
Die Spritze her.
GÜNTHER Bitte sehr.
FAUST Und nun, mein neu gebrauter Saft,
zeig' dem kalten, toten Wanst,
was alles du bewirken kannst.

Faust will zustechen, Mephisto öffnet die Augen.

MEPHISTO Na, na, na! Ihr werdet doch mit diesem Ding, dem spitzen,
mir nicht die schöne Haut zerschlitzen.
GÜNTHER Die Leich', sie hat uns angesprochen!
FAUST Und ohne, daß ich zugestochen!
MEPHISTO Und dabei möchte es auch bleiben.
Denn, Ihr könnt mich gern verweichlicht schimpfen,
mir wird immer schlecht beim Impfen!
FAUST Träume ich? Bin ich besoffen?
GÜNTHER Besser ist's, ich mach' den Deckel wieder zu
und laß der Leich' die letzte Ruh'.
FAUST Nein, laß die Kiste offen.
Erst will der Sache auf den Grund ich geh'n
und so, was hier geschieht, versteh'n.
MEPHISTO Sehr schön, sehr schön, auch wenn 's ihn reichlich graust,
bleibt doch ganz Forscher Doktor Faust.

FAUST Ha, jetzt spricht das Ding mich noch mit Namen an.
Nun soll's mir Antwort steh'n auch wie ein Mann!
Wer bist du, daß lebendig du hier wohl geformte Sätze sagst,
obwohl doch tot du gerade noch im Sarge lagst?

MEPHISTO Schön, daß mich mal wieder jemand fragt,
ich hab' die Sätze länger nicht gesagt:
singt Ich bin der Geist, der stets verneint,
der selbst im Tod lebendig scheint
und im Leben dann mit Kraft
nur Niedergang und Sterben schafft.

GÜNTHER Was hat er gemeint?

MEPHISTO *singt* Ich bin das Gegenteil von dem, was alle suchen,
der böse, böse Schattenmann, auf den sie fluchen,
wenn er die unbeschwerte Heiterkeit
des Daseins stört durch Dunkelheit.

FAUST Klingt nicht g'rad sympathisch.

MEPHISTO Keiner will mich, alle haben Angst vor mir.
Doch wär' es ziemlich grau auf Erden, wäre ich nicht hier.
So bin ich in des Lebens trister Kürze
die zwar unerwünschte, doch stets heiß begehrte Würze!

GÜNTHER Ich glaub', wir haben einen toten Koch hier aufgeweckt.

FAUST Nein, nein, der Koch ist die Fassade nur, hinter der er sich versteckt.
Ich denke, wer hier vor uns steht im Nadelstreifen-Dress,
ist der Chef der Unterwelt, Herr Mephistopheles!

MEPHISTO Gut getroffen! Es hat der Herr im Himmel, da du's auf Anhieb hast kapiert,
mit der menschlichen Intelligenz wohl doch was Nützliches kreiert!

FAUST Laß die leeren Worte.
Ich bin mit meinem Elixier
zum Leichenwecken hier.
Und da du keine Leiche bist, störst du mich dabei.
Was also willst du hier am Orte?

MEPHISTO — Nun, Herr Günther hat es schon erfaßt. Ich bin als
Koch vor dir erschienen,
um als Würzer deines Daseins freundlich dir zu dienen!

FAUST — Wann hab' ich, daß ich im Dasein Würze suche, je erwähnt!

GÜNTHER — Gar nicht.

MEPHISTO — Doch im Untergrund hast du dich stets danach gesehnt.
Oder willst du leugnen, daß du schon lange deine
ungewürzte Existenz verfluchst
und zwar derart, daß bei den Toten du nach
Abwechslung im Leben suchst?

FAUST — Ich suche bei den Toten nicht nach Abwechslung
im Leben!
Meine Abwechslung, meine Lebenswürze, das ist das
Geistesstreben,
das Fortschreiten des Menschheitsgenius im Begreifen
und Verstehen!
Nur, da die Geister, die lebendig sind, mir alle aus dem
Wege gehen,
such' ich halt im Totenreich nach einer Unterstützungskraft,
die mit mir zusammen das große Forschungspensum
schafft.

MEPHISTO — Auf diesem Wege wirst du dich vergeblich schinden.
Im Totenreiche wirst du niemals Gleichgesinnte finden.
Glaub' mir, Freund, ich als Herr der Unterwelt
kenne alle, die da kreuchen.
Ein jeder, der da Einzug hält,
kam zu mir, weil ihn eine eurer großen Seuchen,
die da heißen „Wollust", „Macht" und „Geld",
solang er lebte, fest im Griffe hatte.
Und das hat auch sich nicht geändert, nachdem er tot
lag auf der Matte.

FAUST — Dann war also auch diesmal alle Müh' umsonst schon
wieder.
Die Einsicht schlägt mich ganz schön nieder!

MEPHISTO — Tja, willst du forschen für das Leben,
mußt nach Kollegen, die lebendig sind, du streben.

FAUST — Aber wo find' ich Geister so wie mich,
die mit gleicher Kraft

und Leidenschaft
suchen, forschen so wie ich?

GÜNTHER Herr Doktor, bitte …

FAUST Die mit der gleichen Kraft
und Leidenschaft
der Überzeugung sind,
daß die Schöpfung von der Blume bis zum Menschenkind
noch gänzlich unvollkommen ist,
weshalb auch gänzlich neu man sie erfinden und erschaffen müßt'.

GÜNTHER Herr Doktor, Euer Blutdruck …

FAUST Sag' mir, dunkler Meister,
wo find' ich solche Geister?

MEPHISTO Frag' mich nur, ich will dir gern den Dienst erweisen
und mit dir um die Erde reisen,
um so die Forscher dieser Welt zu finden
und sie als Helfershelfer per Kontrakt an dich zu binden.

FAUST Dies Angebot nähm' ich zu gerne an.
Doch sag' mir erst: Was willst du dafür haben?

MEPHISTO Das Übliche. Sobald dein Leben du beendet hast,
nimmst du Wohnung in der Hölle an
und trägst dort für mich dann jede Last.

FAUST Wie?! Das soll alles sein?
zu Günther Was für ein Schnäppchen.
zu Mephisto Also gut,
her mit dem Vertrag,
du Höllenbrut.

MEPHISTO Unterschreibe hier und hier und hier mit deinem Blut.

Mephisto überreicht Faust einen Vertrag und eine Schreibfeder. Faust sticht sich die Feder in den Finger und unterschreibt den Vertrag.

MEPHISTO *den Vertrag an sich nehmend* Original für mich,
Kopie wird dir dann zugestellt.
Und nun pack' deine sieben Sachen,
wir woll'n uns auf die Reise machen!

Faust ab.

GÜNTHER Und was ist mit mir?

MEPHISTO Du, Herr Günther, bleibst schön hier
und hütest Haus und Hof und Tür.

Günther murrend ab.

MEPHISTO Der große Doktor Faust.
Kaum gaukelt man ihm Hoffnung vor,
entpuppt er sich als großer Thor
und erbärmlich klein wird seine Größe.
Fast möchte ich es übermütig wagen,
mit mir selbst ein Wettspiel auszutragen,
daß es dauert nicht einmal drei volle Tage,
bis Faust, der Wurm, liegt auf der Totentrage.

Mephisto lachend ab.

II. AKT – 1. Szene

Himmel

Die drei Erzengel treten auf.

MICHAEL Und? Und? Was hast auf der Erde du erfahren?
Kommt Mephisto bei dem Faust voran?

GABRIEL Ja, sprich! Gelingt sein Plan?
Treibt er ihn zum „Selbstmord" hin oder scheitert er am Forschermann?

RAPHAELA Er scheitert nicht! Im Gegenteil!
Unter dem Vorwand, Faustens Wissensdrang zu stillen
und den Wunsch ihm nach Kollegen zu erfüllen,
schleppt er Faust zu haufenweise Leuten,
die scheinbar hochgelehrt sind und angeblich viel bedeuten.
Doch entpuppten sich die angepries'nen Hochgelehrten

	stets als geistig sehr beschränkte, für Faust ganz nutzlose Gefährten.
MICHAEL	Das deprimiert den Faust doch sicher sehr.
RAPHAELA	Und wie! Er leidet täglich drunter mehr. Und nicht mehr lange, dann beendet er den Graus und knipst sich seine Lampe aus.
MICHAEL & GABRIEL	Ach je, ach je, ach je!
GABRIEL	Aber dann haben wir im Himmel oben …
MICHAEL	… als Chef bald den Mephisto toben!
RAPHAELA	Richtig!
MICHAEL & GABRIEL	Ach je, ach je, ach je!
GABRIEL	Da haben wir ja gewaltig uns ins eig'ne Fleisch geschnitten.
MICHAEL	Was hat uns bei dem Vorschlag nur geritten?
RAPHAELA	Ruhe! Noch ist die Sache nicht verloren. Wir müßten irgendwie des Faustens Stimmung heben … Ha! Zum Beispiel, indem wir seine Forscherlust beleben.
MICHAEL & GABRIEL	Aber wie soll'n wir das denn schaffen?
RAPHAELA	Ganz einfach, wir schicken Fausten, was er sucht: einen hochgelehrten, von der Wissenschaft genau wie er besessenen Gefährten!
GABRIEL	Und wer soll der Gelehrte sein?
RAPHAELA	Einer von uns drein!
MICHAEL & GABRIEL	Ach je, ach je, ach je!
RAPHAELA	Und da die mut'gen Männer ihr hier seid, ist von euch auch sicher wer bereit.
GABRIEL& MICHAEL	*kühl* Ist er nicht!
MICHAEL	Da in unser'm Kreise dich die höchste Würde ziert …
GABRIEL	… bist auch du die Erste, der die Aufgab' hier gebührt.
RAPHAELA	Was sind Männer doch für Feiglinge! Also schön, dann stürz' ich also mich ins Kampfgetümmel und rette vor Mephisto uns'ren viel geliebten Himmel.
MICHAEL & GABRIEL	*applaudierend* Bravo!

RAPHAELA	Dafür sagt ihr mir aber auch, als „wer“ und „was“ ich unten in Erscheinung trete.
MICHAEL	Wie wär’s denn mit „Professor Doktor Margarete“?
RAPHAELA	Das klingt mir zu alt. Ich fühl’ auch eher mich als Mädchen
MICHAEL & GABRIEL	Dann nenn’ dich einfach „Gretchen“.
RAPHAELA	Einverstanden.
MICHAEL & GABRIEL	Sehr schön!
RAPHAELA	Doch ihr seid trotzdem noch dabei und haltet mir als Hintergrund- und Lauschkommando wenn ich es brauch’, den Rücken frei.

Michael und Gabriel werden aus der Kulisse zwei große Ohren gereicht.

GABRIEL& MICHAEL	Ach je, ach je, ach je! Auch noch als Lauschkommando …

Die Erzengel ab.

II. AKT – 2. Szene

Wirtshaus

Faust betrunken, gefolgt von Mephisto.

FAUST	Vergeblich war das viele Durch-die-Gegend-Zieh’n. Vergeblich war’n die vielen, vielen Reisemüh’n. Auf der ganzen Welt von Geistesgrößen keine Spur! Statt Talenten und Genies fanden wir in Feld und Flur nur Schwätzer, Halbwisser und aufgeblas’ne Amateure, deren dumme, leere Phrasen ich jetzt noch in den Ohren höre.
MEPHISTO	Ja, ja, das Leben, scheint’s, ist wirklich gegen dich. Es ließ dich rundherum im Stich.

FAUST — Nicht 'mal der Teufel konnt' mir geben, was ich suchte.
Es ist, als ob der Schöpfer ganz persönlich mich verfluchte.

MEPHISTO — Da hast vielleicht sogar du Recht.

FAUST — Mir geht's dermaßen schlecht –
das Beste wäre, ich wär' tot.

MEPHISTO — Dein Wunsch ist mir Gebot.

Mephisto schnipst mit den Fingern, eine Seilschlinge fällt vom Himmel.

MEPHISTO — Bedien' dich einfach dieser Schlinge,
auf daß sie dir Erlösung bringe.

FAUST — Nun denn, leb' wohl, du undankbare Erde,
weil ich dich jetzt verlassen werde …

Er will sich erhängen.

II. AKT – 3. Szene

Wirtshaus

Erzengel Raphaela tritt auf, verkleidet als Gretchen. Im Hintergrund kommen die zwei großen Ohren aus der Kulisse.

GRETCHEN — Verzeiht, Ihr Herrn, daß ich die lust'ge Zeche
durch meinen Auftritt unterbreche.
Fräulein Gretchen ist mein Name,
und ich hab' gehört, Herr Faust soll hier zugegen sein.

MEPHISTO — Das ist richtig, werte Dame.
Doch hab'n wir heut' geschlossene Gesellschaft und lassen keinen rein.

GRETCHEN — Ach, bitte, kann Herrn Faust ich nicht kurz sprechen?

MEPHISTO — Ich glaube nicht, er ist beim Zechen.
Was wollt Ihr denn von ihm?

GRETCHEN Er ist ein Wissenschaftler, den ich sehr verehre.
Und ich würd' gern wissen, ob, da auch ich der Wissenschaft verfallen bin,
an Zusammenarbeit er interessieret wäre!

MEPHISTO Das gibt seine Zeit nicht her.
Und nun macht Euch vom Acker.

GRETCHEN Aber Doktor Faust, er steht doch da …

MEPHISTO Ich sag' Euch, geht jetzt aus dem Haus,
sonst werf' ich Euch persönlich raus!

GRETCHEN *laut* Wie Ihr wollt, wenn als Frau der Wissenschaft ich bleiben darf nicht hier,
geh' ich halt zu Faust nach Haus und wart' vor seiner Tür.

Gretchen ab.

MEPHISTO Verzeih' die Störung, guter Freund.

FAUST Wer war denn diese Kleine?

MEPHISTO Eine Obdachlose. Sie wollte Geld. Ich gab ihr ein paar Scheine.

FAUST Mir schien, sie suchte viel eh'r mich?

MEPHISTO Da ließ dich das Gehör im Stich!

FAUST Nein, nein, ich hörte deutlich, wie sie nach mir fragte,
ja von Neugier und von Forschung etwas sagte!

MEPHISTO Das liegt daran, daß zu viel Wein dir durch dein Köpfchen schwirrt,
so daß dein Sinn ist ganz verwirrt.

FAUST Ich bin nicht verwirrt! Schaff' mir ein Treffen mit der Kleinen.
Eine inn're Stimm' sagt mir, daß ich sie wiedersehen will.

MEPHISTO Wie du willst, es gelten auf der Erde ja der Wünsche nicht die meinen.

FAUST Na also.

Faust ab.

MEPHISTO *zum Publikum* Wie unbequem! Fast hatte ich den Kerl soweit,
da kommt daher mir diese Maid.
Egal. Nur kurz noch ist des Faustens Lebenslauf,
denn keiner hält den Teufel auf.

Mephisto ab. Erzengel Gabriel und Erzengel Michael treten auf, die großen Ohren in der Hand haltend.

GABRIEL Das war kein schlechter Auftakt.
MICHAEL Ja. Eins zu Null für uns're Truppe.
GABRIEL Wenn Gretchen weiter so die Sach' anpackt …
MICHAEL & GABRIEL … ist recht salzig bald Mephistos Suppe.

Die Erzengel gehen kichernd ab.

II. AKT – 4. Szene

Faustens Haus

Jungfer Marthe tritt auf. Sie hat sich schick gemacht.

MARTHE „Mein Faust!" Nein. „Guter Doktor!" Nein. „Lieber Heinrich!
Denk' ich an dich, den ich seit Jahren schon verehrt,
nach dem ich oft mich hab' verzehrt,
dann ist mein Herz, weil es durch Liebe wird genährt,
rundherum ganz unbeschwert.
Und weil die Liebe ist so groß,
will ich nur noch eines bloß,
nämlich daß du wirst mein Mann,
so daß ich dich, mein Faust,
so oft wie möglich lieben kann!"
Ja, so mach' ich's!

Günther tritt auf.

MARTHE Herr Günther, sagt, ist Faust von seiner Reise schon zurückgekehrt?
GÜNTHER Fast, fast, er ist schon auf dem Weg hierher.
MARTHE Oh, ich habe jeden Tag und jede Nacht
wie im Fieber mich nach ihm verzehrt!
GÜNTHER Ist Euch eigentlich klar,
daß über Eure Schwärmerei für ihn die ganze Stadt schon lacht?
MARTHE Soll sie doch. Ich weiß, er ist für mich bestimmt.
GÜNTHER Nur daß er so sich nicht benimmt.
MARTHE Da irrt Ihr sehr, mein werter Herr.
Denn Ihr wart ja nicht dabei, als vor kurzem er erregt
hat heftig Hand an mich gelegt.
GÜNTHER Das war doch nur wegen Eures Schweißes.
MARTHE Nein, es war, weil er mich liebt, ich weiß es!
GÜNTHER Seid sicher, von jetzt an macht 'nen großen Bogen er um Euch und Eure Sachen.
MARTHE Ihr irrt Euch sehr! Und deshalb werde ich noch heut' ihm einen Antrag machen.
GÜNTHER Oh, dann hat er, wenn er heimkehrt, nichts zu lachen.
MARTHE Eure Lieb' für ihn, die macht Euch wirklich blind.
GÜNTHER Dann wär'n 's mit Euch schon zwei, die blind hier sind.

Jungfer Marthe und Günther ab. Im Hintergrund erscheinen wieder die Ohren. Auftritt Faust und Mephisto.

FAUST Hurtig, hurtig, hurtig, Teufel!
MEPHISTO Geht nicht, geht nicht, geht nicht, Faust!
FAUST Hast du alles nun auf dem Papier?
MEPHISTO Aber selbstverständlich, Freund: Kerzen, Kaviar und Wein,
wie du es sagtest, steht es hier!
FAUST Das wurd' auch Zeit.
MEPHISTO Nur geht es so noch nicht.
FAUST Was?
MEPHISTO Das Entscheidende hast du vergessen.

FAUST *zu sich* Oh, wie mich die Unkenntnis im Fachgebiet der Frau doch quält.
Jeder Trottel kann in dem Bereich sich mit mir messen.
zu Mephisto Nun sag' mir schon, was fehlt!

MEPHISTO Blumen!

FAUST Blumen?!

MEPHISTO Ja, Blumen. Mit Blumen kannst du jede Frau erreichen,
kannst ihre Abwehr, ihren Widerstand erweichen.
Eine Frau, die Blumen von dir kriegt,
ist zur Hälfte schon besiegt.
Kurz: Ein Blumenstrauß zur rechten Zeit
macht die Frau fürs Bett bereit.

FAUST Aha! Frauen wollen Blumen. Nun denn, besorge welche.

MEPHISTO Geht nicht. Die Läden sind schon zu.

FAUST Dein „Geht nicht, geht nicht." bringt mich langsam auf die Palme.
Was bist nur für ein unfähiger Teufel du!

MEPHISTO Die Kritik, die trifft mich schwer.

FAUST Dann geh' und hol' mir Blumen her!

Auftritt Jungfer Marthe.

MARTHE Mein Faust!

FAUST Nein, bleib',
und halt' mir erst die Frau vom Leib!

MARTHE Wie freu' ich mich, Euch hier zu seh'n.
Ich kann vor Glück kaum g'rade steh'n.

FAUST *zu Mephisto* Nun mach' doch was mit ihr.

MEPHISTO Geht nicht. Ich muß erst nach Blumen seh'n.

FAUST *zu Mephisto* Beim Himmel, bleibst du wohl bei mir!

MARTHE Keine Angst, mein Lieb, ich bin ja hier.

FAUST *zu Mephisto* Wirst du hier jetzt nicht aktiv …

MEPHISTO *zur Seite* … geht's mit Gretchen, hoff' ich, schief.

MARTHE Ich würd' so gerne dich mal küssen.

FAUST Läßt du hier mich jetzt im Stich,
künd'ge den Vertrag dir ich!

MEPHISTO Nun, dann werde ich wohl müssen.
Jungfer Marthe hypnotisierend
Frau Marthe, schaut mich an.
Ich lege auf Euch einen Bann:
Ab jetzt seht Ihr den Faust in jedem Erdenmann, der Euch begegnet –
außer in Faust selbst. Und ab sofort seid Ihr mit Männern reich gesegnet.

Die Erzengel Gabriel und Erzengel Michael schauen im Hintergrund aus den Kulissen, ohne von Mephisto bemerkt zu werden.

MICHAEL Und als erstes nehmt Ihr den …
GABRIEL … den Ihr da seht g'rad vor Euch steh'n!

Sie schnipsen mit den Fingern und verschwinden.

MARTHE *zu Mephisto* Oh, wie bei deinem Anblick übergehen meine Augen.
MEPHISTO *zur Seite* Wieso macht die denn mich jetzt an?!
MARTHE Oh, wie deine Manneskräfte mit aller Macht doch an mir saugen!
MEPHISTO *zur Seite* Ich bin doch gar kein Erdenmann.
MARTHE Denk' an die Gelüste ich, die vor kurzem uns verbanden …
MEPHISTO Mir scheint, Ihr habt hier etwas mißverstanden,
nehmt bitte doch wen anders ins Visier.
MARTHE Nein, denn nur du, mein Faust, gehörst zu mir!

Es klopft.

FAUST Nimm Frau Marthe jetzt mit 'raus,
denn da klopft mein Besuch ans Haus.
MEPHISTO Was hier passiert, ist außerhalb der Norm.
Ich glaub', ich bin nicht ganz in Form.
MARTHE Das wird sich gleich ändern!

Jungfer Marthe zieht den entsetzten Mephisto mit hinaus. Es klopft abermals.

FAUST Herein!

II. AKT – 5. Szene

Faustens Haus

Erzengel Raphaela tritt auf, als Gretchen verkleidet.

FAUST Seid willkommen, junge Frau, in meinem Hause hier
und sagt mir an, wer Ihr seid und was Ihr wünscht
von mir?

GRETCHEN Ich heiße Gretchen
und bin ein von der Wissenschaft sehr angetanes
Mädchen.
Nichts und niemand kann mich mehr erregen
als die Such' nach neuen Wegen
der Erkenntnis, was die Welt
im Innersten zusammenhält.

FAUST *zur Seite* Das kommt sehr vertraut mir vor.
zu Gretchen Sprecht weiter nur, ich bin ganz Ohr.

GRETCHEN Doch wie viel' Freude ich auch hab', wenn der
Wissenschaft ich fröne –
ich komm' auf der Erkenntnisleiter
alleine nicht recht weiter,
weshalb ich mich auch sehne
nach jemandem, der mich versteht,
der im Inner'n ähnlich tickt wie ich und sich im
Äußer'n ähnlich dreht.

FAUST *zur Seite* Was sie da sagt, berühret mich,
denn sie denkt und fühlt wie ich.

GRETCHEN Kurz, ich bin zu Euch gekommen wegen
meiner Such' nach 'nem Kollegen.

FAUST *zur Seite* Bei Gott, wenn ich nicht völlig fehle,
ist sie 'ne artverwandte Seele.

GRETCHEN Ist Euch nicht gut?

FAUST Im Gegenteil, Ihr wißt ja nicht, wie wohl Ihr tut!
zu sich Schon nahen sich mir die Gestalten,
die viel zu lange ich vermißt.
Schon greifen sie nach mir, die großen Geistgewalten,
zu Gretchen von denen Ihr, wie's scheint, ja auch schon wißt.
Mit einem Wort, Ihr zündet tief in mir das Forscherfeuer wieder an.
zur Seite Und sie erweckt auch den, der lang in mir geschlafen hat, den Mann.

GRETCHEN Was?

FAUST Ich bitt' Euch, bleibt und laßt das Forschen doch gemeinsam uns betreiben!

GRETCHEN Der Forschungsgeist, er drängt mich fast schon „Ja" zu sagen.

FAUST Tut's! Kein Geheimnis, und sei's das Größte, wird uns so verschlossen bleiben.

GRETCHEN *zum Himmel* Oh, verzeiht den Frevel, Vater!

FAUST Was?

GRETCHEN Im Dienst der Wissenschaft will das Projekt ich wagen.

FAUST Sehr gut.

GRETCHEN *zur Seite* Wer hätt' gedacht, daß sich die Dinge so leicht wenden.

FAUST *zur Seite* Ich fühl' mich wie besoffen.

GRETCHEN *zur Seite* Bald ist er aus Mephistos Händen.

FAUST *zur Seite* Ich bin im Innersten getroffen.
zu Gretchen Nun, ich würde sagen, damit die Arbeit bald beginnen kann,
weist Günther Euch ein Zimmer an.

GRETCHEN Gern. Ein hübsches Zimmer tut
einem jeden Forscher gut.

FAUST Günther!

Günther tritt auf.

FAUST Dies ist Fräulein Gretchen.
Sie wird bei uns bleiben
und mit uns Forschung jetzt betreiben.
Gib das schönste Zimmer ihr im Haus,
aber scheuch' vorher die Mäuse 'raus.

GÜNTHER Geht, mein Fräulein, schon voran.
Ich komme gleich Euch nach sodann.

Gretchen ab.

II. AKT – 6. Szene

Faustens Haus

Im Hintergrund erscheinen wieder die zwei großen Ohren.

GÜNTHER Und? Werden wir mit ihrer Hilfe neue Leichen nun entführen?

FAUST Nein, nein! Die Zeit der Leichenfledderei ist endgültig vorbei.

GÜNTHER Was?!

FAUST Mit Gretchen werd' was gänzlich Neues ich erstreben.
Am Tage werd' ich mit ihr forschen und jedes Weltgesetz entdecken
und in der Nacht dann neues Leben
erschaffen unter Daunendecken.

MICHAEL & GABRIEL *von draußen* Ach je, ach je, ach je!

GÜNTHER Neues Leben? Ja, aber wie wollt ohne Leichen
Ihr denn das erreichen?

FAUST Durch die Liebe!

MICHAEL & GABRIEL *von draußen* Ach je, ach je, ach je!

GÜNTHER Die … die Liebe? Mein Gott, Herr Doktor, seid Ihr krank?

FAUST Nein, ich bin belebt durch neue Triebe
und erfüllt von Herzensdank,

denn durch das Erschaffen vieler Kinder
werd' ich zum Forscherdynastie-Begründer.

MICHAEL & GABRIEL *von draußen* Ach je, ach je, ach je!

GÜNTHER Aber was wird dann mit mir?
Wir hatten doch gemeinsam so viel vor!
Die Leichen war'n …

FAUST Die Leichen war'n doch Kinderei'n, du Thor!

GÜNTHER Aber mein Doktor …

FAUST Wie konnt' ich nur den Plan aushecken,
Verstorbene zum Leben zu erwecken.

GÜNTHER Aber mein Doktor!

FAUST Jetzt nerv' mich hier nicht mit Gejammer und Gewimmer,
Richt' Gretchen lieber schnell ihr Zimmer.

GÜNTHER *im Abgehen* Das wird ja immer schlimmer.

Günther ab.

II. AKT – 7. Szene

Faustens Haus

FAUST Hab' Dank, du großer Weltenkreis!
Ich mußt' durch viele Jammertäler zieh'n,
doch nun wird endlich wohl mein Leben
in der Forschung und der Lieb' erblüh'n.
Doch halt! Was ist, wenn Gretchen zwar erforschen will mit mir die Welt,
doch von mir als Mann nichts hält?!
Unwahrscheinlich ist dies nicht:
Ich bin steinalt, hab' tausend Runzeln im Gesicht,
und selbst wenn sie mich als Mann noch mag,
kommt doch sicher bald der Tag,
an dem sie in die Eck' mich stellt
und nach Jüng'ren Ausschau hält!

Nein, nein. Kost' es, was es wolle: Mit Mephistos Hilfe muß gelingen,
um ein paar Jahr' mich zu verjüngen.
Mephisto! Mephisto!

Faust ab. Die großen Ohren verschwinden. Die beiden Erzengel treten auf.

MICHAEL Jetzt hab'n wir ein Problem.
GABRIEL Das kann man wohl sagen.
MICHAEL Wird der Faust verjüngt
und fängt der Kollegin an dann Menschenkinderchen zu machen …
GABRIEL … dann hat sie bald nichts mehr zu lachen.
MICHAEL Denn in der Himmelssatzung steht groß drin …
GABRIEL & MICHAEL … hast du Sex mit einem Menschen,
ist dein Engelsstatus hin!
Ach je, ach je, ach je.
GABRIEL Und dann kriegt auch der Vater mit, was wir hier unten machen …
MICHAEL … und dann hab'n auch wir nichts mehr zu lachen!
GABRIEL & MICHAEL Ach je, ach je, ach je!
MICHAEL Mephisto wird mit Faust doch sicher zur Frau Xenia, der Verjüngungshexe, geh'n.
GABRIEL Ja, und?
MICHAEL Wir müssen vorher zu ihr hin und mit ihr reden,
dann läßt sich sicher noch was dreh'n!
Komm', wir geh'n.
GABRIEL *im Abgehen* Ach je, ach je, ach je! Auch noch zur Hexe Xenia!

Die Erzengel gehen ab.

II. AKT – 8. Szene

Faustens Haus

Mephisto tritt auf, schwankend und erschöpft.

MEPHISTO Bei allen Höllenfeuern dieser Welt:
Wird eine Frau als Jungfer alt,
kennt ihr Hunger keinen Halt!

Faust tritt auf.

FAUST Mephisto, ich brauche deine Zauberkräfte!
MEPHISTO Die sind g'rad weg, genau wie meine Liebessäfte.
FAUST Deine Liebessäfte brauch' ich nicht,
nur daß du tust hier deine Pflicht!
MEPHISTO Wenn ich nur etwas ruhen kann,
steh' ich auch wieder meinen Mann.
FAUST Hiergeblieben, sag' ich dir,
denn auf der Erd' gehörst du mir!
MEPHISTO Aber es zwang Frau Marthe mich in einem fort
zu Hochfrequenz-Matratzensport!
Und einen solchen Teufelsritt
macht selbst der Teufel nicht lang mit.
FAUST Wie? Du willst die Hilfe mir verwehren?!
Dann muß ich anders dich bekehren!

Faust zieht ein Kruzifix heraus, zeigt es Mephisto, der heftig zu schnauben und zu niesen beginnt.

MEPHISTO Ich bitt' dich, steck' das wieder ein.
FAUST Wieso? Es ist doch nur ein Kreuzelein.
MEPHISTO Wie hast du nur herausgekriegt,
daß ich allergisch bin auf dieses Ding
und es beim besten Will'n nicht sehen kann.

FAUST Weil viel zu wissen, mir obliegt,
denn ich bin ein gelehrter Mann.

MEPHISTO *niesend* Dieser verfluchte Kreuzschnupfen. Also gut,
ich mache, was du willst,
wenn du nur jetzt das Ding verhüllst!

Faust steckt das Kruzifix weg.

MEPHISTO Also sag', was soll ich tun?

FAUST Ich will, daß du zurück mir meine Jugend bringst,
indem von Kopf bis Fuß du mich verjüngst.

MEPHISTO Wozu das?

FAUST Weil ich nicht wachen kann, nicht ruh'n,
bevor ich nicht ganz sicher bin,
daß ich rundherum beherrsche
Gretchens Herz und Gretchens Sinn.

MEPHISTO Wie? Was? Du bist doch wohl verliebt in diesen
Backfisch nicht?

FAUST Ja, ich bin in sie verliebt.

MEPHISTO Oh, nein!

FAUST Oh, doch!

MEPHISTO *zur Seite* Die Maid wird langsam unbequem.

FAUST *zu sich* Und bin ich erst verjüngt und schaff's, mit
ihr mich zu verbinden,
dann ist es sicher kein Problem,
ein Bataillon von Nachwuchsforschern zu begründen.

MEPHISTO *zur Seite* Jetzt reicht's, jetzt muß etwas gescheh'n.

FAUST Genau, ich will nicht länger alt ausseh'n.

MEPHISTO Das mußt du wohl, denn fürs Verjüngen braucht
es eine Gabe,
die beim besten Willen ich nicht habe!

FAUST So, so, wer hat sie denn?

MEPHISTO Keiner, den ich kenn'!

FAUST Du lügst mich an!

MEPHISTO Nie, ich bin ein Ehrenmann!

Faust zieht wieder das Kruzifix heraus.

MEPHISTO Ach, da fällt mir just die Hexe Xenia ein.
Die hat die Gabe zu verjüngen,
selbst wenn man alt ist wie ein Stein.
FAUST Wann kannst du mich zu ihr bringen?
MEPHISTO Pack' nur deine sieben Sachen,
dann könn' wir gleich die Reise machen.
FAUST Und weh', du führst mich an der Nas' herum.
MEPHISTO Wo werd' ich denn, bin ja nicht dumm.
FAUST Oh, Gretchen, bald bin ich bei dir!
MEPHISTO *zur Seite* Doch das Kreuz, das läßt du hier.

Mephisto schnipst mit den Fingern, Faust verliert im Abgehen das Kruzifix. Mephisto breitet sein Taschentuch darüber aus, hebt es mit spitzen Fingern auf und steckt es ein. Dann wendet er sich mürrisch ans Publikum.

MEPHISTO Irgendwie beginnt die ganze Sach' mir äußerst unschön zu entgleiten.
Statt daß den Faust die Frustrationen schinden,
seh' ich euphorisch ihn auf Liebeswogen reiten.
Tja, da bleibt wohl eines nur, das Gretchen muß verschwinden.
Ah, da kommt auch schon ein junger Mann,
der beim Verschwinden-Lassen helfen kann.

II. AKT – 9. Szene

Faustens Haus

Günther tritt auf.

MEPHISTO Ah, Herr Günther. Wie geht es Euch? Seid Ihr glücklich und zufrieden?
GÜNTHER Nein. Ich bin vor Ärger fast am Sieden!
MEPHISTO Warum das? Tat Euch wer was Böses an?
GÜNTHER Nein, nein, aber dieses junge Fräulein Gretchen …

MEPHISTO Sprecht Euch nur aus, ich helfe gern Euch, wenn ich kann.

GÜNTHER Versteht's nicht falsch, ich hab' nichts geg'n das Mädchen.
Aber sie soll, ich wag' es kaum zu denken,
von jetzt an Fausts Kollegin sein und sehr bald ihm auch Kinder schenken!

MEPHISTO Was?! Aber wenn das geschähe, wär' ja Euer großer Traum dahin,
aus toten Körpern Welten zu erschaffen.

Günther zieht ein Taschentuch, schnäuzt sich markerschütternd.

GÜNTHER Eben! Dann hätt' mein ganzes Leben seinen Sinn
verlor'n, und all mein Wollen tät' erschlaffen.

MEPHISTO Ja, ja, es ist schlimm, daß Faust so an der Dirne hängt.
Sie wird Euer Forscherwerk zugrunde richten.

GÜNTHER Weil das junge Ding an sich nur denkt.
Sie müßte Größe zeigen und auf Faust verzichten.

MEPHISTO Oder er auf sie!

GÜNTHER Das macht er nie!
Ich darf nicht ruh'n.
Ich muß was tun.
Nur was zum Teufel könnt' das sein?

MEPHISTO Da Ihr mich schon erwähnt, fragt mich nur, mir fiele da schon etwas ein.

GÜNTHER Oh, ich bitt' Euch, sagt es mir.

MEPHISTO Schnappt das Gretchen Euch und macht ein Plastinat aus ihr.

GÜNTHER Wie? Ihr meint, ich soll …

MEPHISTO Nun, für den Fortschritt Eurer Wissenschaft wär' es sicher toll.

GÜNTHER Aber wie erklär' ich das dem Faust? Er wird doch Gretchen sicher schwer vermissen!

MEPHISTO Ach, da könnt Ihr ganz beruhigt Euch wissen.
Wenn Ihr Gretchen, bevor Ihr ihm den Gnadenstoß verpaßt,
dem Faust ein Abschiedsbriefchen schreiben laßt,

in dem die Schöne ihm erklärt, daß vor dem Alter des Herrn Faust
ihr doch ein bißchen zu sehr graust,
dann wird der Doktor wieder bald mit Euch nach Leichen graben
und Ihr so neue Plastinate haben.
Nur muß das Gretchen erst mal weg!

GÜNTHER Ihr habt wohl recht. Auch dient des Fräuleins Tod ja einem guten Zweck.

MEPHISTO Ich wußte ja, Ihr seid ein kluger Kopf.
Und wenn Euch die Toten aus Europa mal nicht reichen,
wendet Euch vertrauensvoll an mich, ich besorg' Euch dann aus China Leichen.

GÜNTHER Das ist meine große Chance, und ich packe sie beim Schopf.

Günther ab.

MEPHISTO *zum Publikum* Der gute, gute Günther.
Bald herrscht in Faustens durch die Liebe hoch erhitztem Herzen
durch Günther ein bitterkalter Winter,
und der Doktor windet sich in heißen Schmerzen!
Ach, es ist so schön, die Menschen zu frustrieren,
eine gut gelung'ne Frustration könnt' fast zum Bleiben mich verführen!

Mephisto kichernd ab.

II. AKT – 10. Szene

Hexenhöhle

Erzengel Gabriel und Erzengel Michael treten auf.

MICHAEL Ich glaub', hier sind wir richtig, hier muß irgendwo sie hausen.

GABRIEL Bei Gott, wenn's die alte Hexe selbst nicht schafft –
ihre Höhle schafft's ganz sicher, einem einzujagen schnell ein Grausen.

MICHAEL Wir müssen trotzdem sie auf uns're Seite zieh'n,
damit sie Fausten nicht verjüngt,
weil sonst dem Gretchen Kinder blüh'n.

GABRIEL Ach je, ach je, ach je.

MICHAEL Still! Da kommt sie schon.

XENIA *von draußen* Himmeldonnerwetter und verflucht und zugenäht!
Welcher Hundsfott wagt es noch so spät,
seinen Stinkfuß über meine Schwell' zu setzen!
Hat keine Ausred' er parat, werd' an ihm ich meine Krallen wetzen.

Auftritt Xenia. Sie sieht aus wie ein fauliger Baumstamm mit einem Riesenbuckel auf dem Rücken und hat eine qualmende Pfeife im Mund.

MICHAEL Hallo, Frau Xenia, wir sind's nur …

GABRIEL … Michael und Gabriel von des Himmels Heeresscharen!

MICHAEL Und wir besuchen Euch ein wenig …

GABRIEL … weil wir lang' schon nicht mehr bei Euch waren.

XENIA Verklebt euch nur die Guschen nicht vor lauter Süßigkeit im Maul.
Mich altes Leder könnt ihr Wolkenpfurzer nicht einwickeln.
Wenn ihr mir so süßlich kommt, ist sicher doch was faul.

GABRIEL *zu Michael* Sie spricht mit uns nicht gerade milde.

XENIA Weil ich euch Himmlische nicht leiden kann, denn ihr führt immer was im Schilde.

MICHAEL Ihr habt recht, wir haben ein Problem.

XENIA Klingt schon unbequem.

GABRIEL Mephisto wird den Doktor Faust gleich zu Euch bringen …

MICHAEL … den Ihr sollt dann flugs verjüngen.

XENIA Und das soll nicht gescheh'n?

MICHAEL & GABRIEL Richtig.

XENIA Tut mir leid, wenn Mephisto was befiehlt, dann hab' ich stramm zu steh'n.

MICHAEL & GABRIEL Oh, beim Himmel, nein,
das darf nicht sein!

MICHAEL Sagt uns, was Ihr wünscht, wir werden ohne nachzudenken …

GABRIEL … womit Ihr wollt, Euch reich beschenken.

XENIA *zu sich* Reich beschenken woll'n sie mich? So, so …
Die Trottel wissen nicht, was sie mir da versprechen.
laut Also gut, nur muß ich trotzdem, wenn's Mephisto wi[ll]
um ein paar Jahr' den Faust zurückbewegen.

MICHAEL & GABRIEL Ach je, ach je, ach je, dann wird er sich auf's Gretchen legen!

XENIA Es sei denn, ich verpaß 'nen Makel ihm, der ihn von diesem Gretchen trennt.

MICHAEL Was soll das heißen?

XENIA Ich mach' ihn jünger, doch zugleich auch impotent.

MICHAEL & GABRIEL Das ist gut!

XENIA Nur hoff' ich, ihr seid Letzt'res nicht,
denn sobald ich Faust verjünget hab',
nehm' ich euch dann in die Pflicht.

MICHAEL & GABRIEL Ach je, ach je, ach je!

Es klopft.

MEPHISTO *von draußen* He, Xenia! Mach' auf, du alte Kampf-Schabracke!
Sonst zerbrech' ich die Baracke!

XENIA Da klopft Mephisto schon ans Brett.
Kommt mit, ich fessle euch schon mal ans Bett.

MICHAEL & GABRIEL Ach je, ach je, ach je!

Die Erzengel und Xenia ab.

II. AKT – 11. Szene

Höhle

Mephisto und Faust treten auf.

MEPHISTO So, mein Freund, da wären wir,
und die Tage deines Alters, das dich so furchtbar quält,
sind in Kürze nun gezählt.
Doch solltest du dich anders noch entschieden haben, sag' es mir,
denn bist du einmal jung,
ist für den Rückweg zu die Tür.

FAUST Nein, nein, es bleibt dabei,
mach' mich von meinen Falten frei.
Viel zu lang hab' alt und faltig ich herumgelungert,
der Rausch des Jungseins ist es, nach dem nun alles in mir hungert.

MEPHISTO Ach Faust, ach Faust, im Pendeln zwischen den Extremen
streifst du ab und zu die Ausgeglichenheit.
Wär' ich dein Papa, ich würd' mich deiner schämen.

FAUST Erinn're mich nicht an den Papa, er schaffte mir viel Leid.
Er hat mich immer nur gehänselt und verspottet.

Genau wie meine Mama, die mich gar nicht haben wollte,
und die, als doch ich auf der Welt dann war, mir immer wieder grollte.
Weil niemals Liebe ich bekam, wär' ich beinah' früh verstorben und heute längst verrottet.
Selbst meine Opas, Omas, Onkel, Tanten und Geschwister mieden mich.
Eigentlich gab es niemanden in der Familie, der nicht mich ließ im Stich.
Wär' nicht der Postbote gewesen, der ein wenig freundlich zu mir war
und mir manchmal Schokolade schenkte, ich wär' heut' gar nicht da.

MEPHISTO Wär's doch so gekommen, es hätte mir viel Müh' erspart.

FAUST Was?

MEPHISTO Nichts, nichts. Ich sagte nur, bald bist du jung und zart.
Und dann sei sicher, daß dich die aufgestaute Sexualität
gewaltig durch die Mangel dreht.

FAUST Das will ich hoffen!

MEPHISTO Xenia! Wo bist du? Es gibt was zum Verjüngen.

Xenia tritt auf.

MEPHISTO Ah, da ist sie schon und gleich geht hier die Sonne auf.
Dein Anblick, schöne Xenia, läßt mich Herzinfarkte haben.
Dein Duft verändert meiner dumpfen Sinne Lauf.
Ein nettes Wort von dir würd' mich erlaben
und schlösse mir die Seele auf.

XENIA Öffnest du den Mund in meinem Haus,
kommt wie stets nur Müll heraus.

MEPHISTO Nun gut, ich merke,
noch immer ist die Höflichkeit nicht gerade deine Stärke.
Das ist Herr Faust. Fang' an, ihn zu verjüngen.
Was ich dazu tun kann, will ich gern erbringen.

XENIA Keine Sorge, dein Klient wird bald ein Loblied auf mich singen.

Eine Klappe im Boden öffnet sich, Dampf steigt auf. Bluesmusik erklingt, Mephisto dirigiert.

XENIA *singt* Steig' ein in diesen Topf,
schalt' ab den Forscherkopf.
Laß dir für ein jüng'res Leben
ein paar Elixiere geben.
Erst diesen Saft für Körperkraft,
dann diesen Tropfen Zauberhopfen,
der dir deinen alten Geist
mit Jugend wieder speist …

Schwimm' in der Suppe hin und her,
das macht die Seele leer.
Tauche auf und wieder unter,
das macht die Zellen munter.
Dann schlucke, was du kannst,
von diesem Süppchen in den Wanst,
das macht dich, eins, zwei, drei,
von deinen Falten wieder frei …

leise Und heimlich diesen Tropfen noch am End',
der macht dich völlig impotent …

Faust entsteigt dem dampfenden Topf als junger Mann.

MEPHISTO Na bitte, nun kann man endlich, wie soll ich's sagen,
deinen Anblick ja ertragen.

FAUST Dann schnellstens mit Gesause
zu meinem Gretchen ab nach Hause.

Faust und Mephisto ab.

XENIA Und ich genieße jetzt die Stengel
meiner festgezurrten Engel.
zum Publikum Pause!

PAUSE

III. AKT – 1. Szene

Faustens Haus

Günther tritt auf, das gefesselte und geknebelte Gretchen auf einer Sackkarre vor sich her schiebend.

GÜNTHER Versteht's nicht falsch, mein liebes Fräulein,
was sein muß, das muß sein.
Und auch wenn's in Eurer Lage Euch so scheint,
es ist persönlich nicht gemeint.
Mein Tun steht ganz im Dienst der Wissenschaft.
Nur für die Wissenschaft opf're ich hier Zeit und Kraft
und Euren teuren Lebenssaft.
Leider hab ich's bisher nur geschafft,
Tote wieder lebend kurz zu machen.
Der umgedrehte Fall ist neu für mich, drum bitt'
ich, mich nicht auszulachen,
wenn ich vielleicht mich dumm anstelle
und Ihr nicht tot seid auf der Stelle.
Mein Gott, bin ich nervös! Ich muß wohl erst ein
Schlückchen nehmen.
Ihr lebt dadurch ein bißchen länger, also wird es
Euch nicht grämen.

Er holt eine Schnapsflasche heraus und trinkt.

So. Dann woll'n wir mal …
Kleinen Moment. Wie stell' ich's nun am Besten an?
Man muß so 'was genau durchdenken, weil sonst leicht
sehr viel schiefgeh'n kann.
Besser ist, ich nehm' noch etwas Flüssigkeit,
weil die den Geist sehr gut befreit.

Er trinkt wieder.

Also überlegen wir mal …
Da als Exponat Ihr dienen sollt, ist 'ne durchgeschnitt'ne Kehle nicht sehr angemessen.
Ein Stich ins Herz verletzt die Haut, kann man also auch vergessen.
Ha! Erwürgen könnte geh'n.
Nein, dann kann man Würgemale seh'n.
Erschlagen macht kaputt die Knochen, Gift zersetzt stets alle Adern –
Mann, oh, Mann, schon fang' ich an, zu zögern und zu hadern.
Nein, Günther, nein, du kneifst den Schwanz nicht ein!
Zur Stärkung deiner Willenskraft
flößt du dir noch 'n kleines Schlückchen ein.

Er trinkt die Schnapsflasche in einem Zug aus und beginnt zu schwanken.

Na bitte, da fällt mir auch schon ein, das Beste wär', Euch zu ersticken,
so wird, Euren Körper ganz zu lassen, mir ganz sicher glücken.
Nur um eines möcht' ich Euch noch bitten:
Unterschreibt mir doch, egal ob schön, ob schief,
für Doktor Faust noch diesen Abschiedsbrief.
Ihr wollt nicht? Bitte, dann unterschreib' halt ich für Euch mit meiner Hand.

Er kritzelt besoffen auf den Brief und läßt ihn dann auf den Boden fallen.

Das reicht, damit der Faust nicht mich beschuldigt, mir völlig als Garant.
Gute Reise nun, mein Fräuleinchen.

Er will Gretchen erdrosseln.

III. AKT – 2. Szene

Faustens Haus

Jungfer Marthe tritt auf, mit zerzausten Haaren. Günther läßt von Gretchen ab.

MARTHE Mein Faust! Da seid Ihr ja! Ich hab' Euch schon vermißt!
GÜNTHER Hä? Was redet die denn da?
MARTHE Oh, wie die Sehnsucht an mir frißt!
GÜNTHER Mir scheint, die Marthe ist im Kopf nicht klar.
MARTHE Oh, Faust, mein schöner Mann.
Mein Leib, er schreit so sehr nach Euch,
daß er nicht länger warten kann!
GÜNTHER Was? Wie? Nein! Nicht! Hilfeeee!

Jungfer Marthe zerrt den völlig besoffenen Günther hinaus. Gretchen, noch immer an die Sackkarre gefesselt, bleibt zurück.

III. AKT – 3. Szene

Faustens Haus

Stange und Klotz treten auf, das gefesselte Gretchen zunächst nicht bemerkend.

KLOTZ Nun kommt schon, kommt schon, Stange!
Jetzt sind wir die Polizei, und das bedeutet, uns ist niemals bange.
STANGE Ihr habt gut reden. Den Hausdurchsuchungsbefehl habe schließlich ja
unter falschem Namen ich beschafft.
Das ist ein Kriminaldelikt! Ist Euch das nicht klar?

KLOTZ Aber es trieb Euch doch die Leidenschaft,
dem Vaterland zu nützen.
Also werdet Ihr, wenn's rauskommt, sicher nicht lang sitzen.

STANGE Worauf hab' ich mich nur eingelassen.
Die Dienstvorschrift genehmigt nichts von dem, was wir hier tun.

KLOTZ Könnt Ihr Euch langsam wieder fassen?!
Diese Jammerei, die hält man ja nicht aus.
Ich sag' Euch, ohne Hausdurchsuchung geh'n wir hier nicht raus.

Stange entdeckt das gefesselte und geknebelte Gretchen.

STANGE Aber …
KLOTZ Nein, auch mit dem Finger eigenständig auf was zeigen,
bringt mich nicht dazu, weit're Kompetenzen an Euch abzuzweigen.

STANGE Aber …
KLOTZ Nichts aber! Sichert Ihr den Hinterausgang, die Dachfenster und den Kamin,
ich werde dann den Rest des Hauses der Durchsuchung unterzieh'n.

Nun entdeckt auch Klotz das Gretchen und erschrickt.

KLOTZ Ha! Was ist das?
STANGE Eine festgezurrte Weibsperson!
KLOTZ Donnerwetter! Wie schätzt Ihr die Lage ein?
STANGE Die Dame ist recht hübsch, und sie ist allein.
KLOTZ Also macht Ihr mal Karriere, Stange,
ist um des Staates Zukunft mir recht bange.
Schaut Euch die Frau mal an, sie ist gefesselt, kann nicht sprechen,
das heißt nichts anderes, als daß wer plant hier ein Verbrechen.

STANGE Ihr habt Recht. Nun, dann werden die Frau wir jetzt befragen, sie plaudert sicher alles aus,
und dann lösen wir den Fall und kommen sehr bald ganz groß raus.

KLOTZ Genau. Kleinen Moment. Wir? Ihr habt wohl einen Sonnenstich!
Wenn einer diesen Fall hier löst,
dann in erster Linie ich!

STANGE Aber Herr Chef! Dieser Fall gehört Euch nicht allein!
Ich als Eure rechte Hand hab' ein Recht dabei zu sein!

KLOTZ Niemals!

STANGE Doch!

KLOTZ Nein!

STANGE Doch!

KLOTZ Nein!

Klotz gibt Stange eins auf den Schädel, Stange sinkt bewußtlos zu Boden.

KLOTZ Oh Gott, oh Gott, was macht der Mensch um der Karriere will'n nur für Sachen.
Egal, Hauptsach', ich kann ohne Störung mit der Dame das Verhör nun machen!

Klotz mit Gretchen auf der Sackkarre ab. Stange erwacht.

STANGE Was ist passiert? Wo bin ich hier?
Wann kam ich als wer durch diese oder diese Tür?
Oh Gott, oh Gott, ich kann an nichts mich mehr erinnern,
nicht einmal mein Nam' kommt mir noch in den Sinn!
im Abgehen Hallo! Weiß hier jemand, wer ich bin?

Stange ab.

III. AKT – 4. Szene

Faustens Haus

Faust und Mephisto treten auf.

FAUST — Ah, wie tat er wohl, der Hexe Sud.
Einem wilden Bergbach gleich durchströmt mich junges Blut.

MEPHISTO — Das freut mich als deinen Diener sehr,
denn was will ein Diener mehr,
als daß sein Herr von früh bis spät
beglückt und froh durchs Leben geht.

Er reicht Faust einen Spiegel.

FAUST — Die hohe Stirn, der strenge Blick,
das ausgeprägte Männerkinn –
solch Charakterkopf ist einfach schick,
eine Schönheitskur macht wirklich Sinn.

MEPHISTO — Durch dich wird Gretchen so was von erblüh'n,
durch ihren Geist und durch ihr Herz
wird nur der Name „Faust" noch zieh'n.

FAUST — Das Fräulein wird mir nicht widersteh'n,
denn ich bin prächtig anzuseh'n.

MEPHISTO — So wird es sein! Und nun zögere nicht länger
und sei ein fescher Gretchenfänger!

FAUST — Gretchen! Gretchen!

Faust ab.

MEPHISTO — Der arme Kerl. Ich hör' ihn jetzt schon jammern.
Es ist halt gar nicht gut, an Frauen sich zu klammern.
Hihihihihihihi.

FAUST — *von draußen* Gretchen! Gretchen?

MEPHISTO Gleich stimmt er die Arie an
als der von seiner Frau verlass'ne Mann.
Hohohohohohohoho.

Faust kommt zurück.

FAUST Wie fühl' im Innern ich mich schwer.
Wo ich auch such' – ein jeder Raum im Haus ist leer!
MEPHISTO Dann ist's wohl so, wie's immer war:
Frau'n sind unberechenbar.
FAUST Das trifft auf Gretchen niemals zu!
MEPHISTO Natürlich nicht, halt' nur die Ruh'!
Oh, was liegt denn hier? Ein Brief? Einer wohl, den sie gar schrieb?
FAUST Was?
MEPHISTO Es ist ihr Duft daran. Wahrscheinlich ist sie einkaufen gegangen
und schrieb's dir auf, daß du dich nicht mußt bangen.
FAUST Oh, sie ist so wunderbar, so taktvoll, so adrett,
so liebenswürdig, höflich und auch nett!
Doch halt, was muß ich lesen!
Ich hoffte, meine Unruh' würd' durch diesen Brief genesen,
doch nun treffen diese Zeilen mich
wie hunderttausend' Nadelstich!
MEPHISTO Wieso? Was schrieb sie denn für schlimme Sachen?
FAUST Ich kann's kaum greifen, kann's kaum fassen –
sie hat wegen meines Alters mich verlassen!
MEPHISTO Ach je, und das g'rad jetzt, wo du fast jünger bist als sie.
FAUST Oh, es tut soooo weh' im Herzen.
MEPHISTO Ja, das läßt sich schwer verschmerzen.
FAUST Sie war so klug und so gescheit.
MEPHISTO So wunderbar, so taktvoll, so adrett.
FAUST Sie war die reinste Liebenswürdigkeit.
MEPHISTO Und sicher wär' sie auch gewesen ziemlich gut im Bett.
FAUST Auauauauauauauauauauauaua!
MEPHISTO Weine nur, der schöne Traum ist nun vorbei.
FAUST Nun ist mir alles einerlei.

MEPHISTO	Dann ist's das Beste, daß behende du deinem Dasein machst ein Ende!
FAUST	Du hast wohl recht. Fürs Weiterleben geht es mir auch viel zu schlecht.
MEPHISTO	Ich denk', dies Messerlein paßt gut in deine Rippen rein.
FAUST	Hab' Dank für diese gute Tat, du bist ein wahrer Kamerad. *zum Brief* So leb' denn wohl, ach, meine Hoffnung du, ich laß für immer dich in Ruh'.

Er will sich erstechen, hält inne und blickt noch einmal forschend in den Brief.

FAUST	Doch halt, wie werd' ich wieder munter, hier unten steht ja „Günther" drunter!
MEPHISTO	Was?!
FAUST	Und jetzt seh' ich auch, die ganze Schrift ist Günthers ja!
MEPHISTO	*zur Seite* Was ist doch Günther für ein Stümper.
FAUST	Nun wird mir so ein'ges klar: Der Günther zieht die Fäden hier, weil er neidet Gretchen mir!
MEPHISTO	Nicht mehr lang wird er die Fäden zieh'n. Vertrau' mir nur, wir finden ihn. Such' du ihn in der Stadt; ich lau're hier ihm auf und setz' ihn, wenn er kommt, Schach matt.
FAUST	Du bist so gut zu mir. Auch wenn im Leben nichts mir bliebe, blieb' mir noch immer deine Liebe. Und nun zu dir, Günther!

Faust ab.

MEPHISTO Lauf' nur, Faust, ich werd' den Günther mit dem Gretchen vor dir schnappen,
dann wird dich zu frustrieren, ganz sicher endlich klappen.
Günther, du Stümper, wo bist du?

Mephisto ab.

III. AKT – 5. Szene

Faustens Haus

Klotz kommt mit der Sackkarre, auf der Gretchen noch immer festgebunden ist. Er sieht sich um, wendet sich dann an Gretchen.

KLOTZ Und Ihr sagt also, Ihr seid hier im geheimen Auftrag einer höh'ren Stelle,
die Ihr nicht nennen könnt so auf die Schnelle,
um eine and're, zweite höh're Stelle,
die Ihr auch nicht nennen könnt so auf die Schnelle,
daran zu hindern, einen berühmten Herrn des Hauses hier –
wer es ist, enthüllte gleich mein Scharfsinn mir –
zu schaden arg an Leib und Leben,
was die erste höh're Stelle dann würde ihrer Macht entheben.

GRETCHEN Richtig.

KLOTZ Aha! Außerdem meint Ihr, daß die zweite höh're Stelle
einen ander'n, erheblich weniger berühmten Herrn des Hauses hier –
wer das ist, erscheint mir ziemlich helle –
dazu angestiftet hat, Ihr vermutet's jedenfalls, Euch eins, zwei, drei zu killen,
damit die zweite höh're Stelle könnte leichter ihren dunklen Plan erfüllen.

GRETCHEN Genau.

KLOTZ Oho! Und Ihr sagt zuletzt, daß Ihr selber eine dritte höh're Stelle seid,
die mir, sollte ich Euch binden los,
groß herauszukommen, zu helfen ist bereit.

GRETCHEN Wär' das Leben eine Lotterie, dann wär' ich Euer großes Los.

KLOTZ Herrlich.

GRETCHEN Und nun bindet mich schon endlich los!

Er will sie losbinden, doch draußen sind Schritte zu hören. Klotz schaut zur Tür hinaus.

KLOTZ Seid still! Da kommt der weniger berühmte Herr,
und ich versich're Euch, der entkommt nicht mehr!

Er steckt Gretchen wieder den Knebel in den Mund und wartet kampfbereit auf Günther.

III. AKT – 6. Szene

Faustens Haus

Günther tritt auf.

GÜNTHER Ich hab' Frau Marthe überlebt;
wie, weiß ich nicht –
wahrscheinlich hat ein Engel über mir geschwebt.

KLOTZ Hallo, Herr Günther!

GÜNTHER Ha! Herr Oberamtsvorsteher Klotz. Ihr schon wieder hier?
Doch nicht schon wieder weg'n der Abwassergebühr?

KLOTZ Nein. Diesmal trieb hierher mich eine streng're Pflicht
Nämlich die in diesem Haus' vorhand'nen Mörder und Verschwörer
zu bringen vor das Halsgericht!

GÜNTHER Mörder und Verschwörer? Wer hat Euch diesen Kokolores denn erzählt?

KLOTZ Die Person, die Ihr mit Mordabsichten habt gequält.

Klotz tritt beiseite; Günther erspäht das gefesselte Gretchen, ist entsetzt und beginnt hysterisch zu lachen.

GÜNTHER Die? Ich? Mit Mordabsichten?!
Da hat sie Euch ja einen schönen Bären aufgebunden!
Glaubt mir, Herr, über jeden ander'n würde sie Euch Ähnliches bekunden.

KLOTZ Was? Wie? Ich versteh' Euch nicht.

GÜNTHER Nun, jeder in der Gegend weiß, daß die Dame ab und zu der Hafer sticht.

KLOTZ Wieso?

GÜNTHER Die Dame ist Privatpatientin doch bei Doktor Faust.
Und zwar eine, die wegen eines schlimmen Nervenleidens
seit Jahren freiwillig bei uns im Keller haust.

KLOTZ Was?!

GÜNTHER Wenn Ihr wollt, fragt sie nur selbst.

Klotz dreht sich zu Gretchen um.

KLOTZ Stimmt das etwa, was Herr Günther mir …

Günther gibt Klotz eins auf den Schädel, Klotz sinkt ohnmächtig zu Boden.

GÜNTHER Oh Gott, oh Gott, was mach' ich hier!
Ich werde langsam ja zum Tier!
Ruhig, Günther, ruhig! Dein Tun steht ganz im Dienst der Wissenschaft;
nur für die Wissenschaft opferst du der Leute Lebenssaft.
Und nun mit Gretchen nichts wie weg,
in die Stadt in ein Versteck.

Günther schiebt die Sackkarre mit dem gefesselten Gretchen hinaus.

III. AKT – 7. Szene

Faustens Haus

Klotz erwacht.

KLOTZ	Was ist passiert? Wo bin ich hier?
Wann kam ich als wer durch diese oder diese Tür?
Oh Gott, oh Gott, ich kann an nichts mich mehr erinnern
nicht einmal mein Nam' kommt mir noch in den Sinn!

Stange tritt auf.

STANGE	Mein guter Herr, könnt Ihr mir sagen, wer ich bin?
KLOTZ	Ich fürchte nein,
da mein Hirn sich g'rad von dannen schlich.
Aber fällt Euch vielleicht, wer ich bin, ein?
STANGE	Tut mir leid, auch mein Hirn ließ mich g'rad im Stich.

Jungfer Marthe tritt auf.

MARTHE	Mein Faust!
KLOTZ	Aha, einer von uns beiden wird wohl „Faust" genannt.
STANGE	Nur wer das ist, ist nicht bekannt!
KLOTZ	Also wenn hier wer 'nen Namen hat, dann ganz sicher ich!
STANGE	Ihr habt wohl einen Sonnenstich?!
KLOTZ	Was denn für 'nen Sonnenstich!
STANGE	Die Dame meint mit Fausten mich!
KLOTZ	Niemals!

Sie werden handgreiflich.

MARTHE — Beruhigt Euch doch, beruhigt Euch doch, ich meinte alle beide!
Beide Fäuste zu mir her,
mit einem ist mein Bett zu leer!

Jungfer Marthe packt beide am Hosenboden und schiebt sie hinaus.

III. AKT – 8. Szene

Faustens Haus

Günther tritt eilig auf, Gretchen auf der Sackkarre vor sich herschiebend.

GÜNTHER — Es sah der gute Doktor mich mit Gretchen in der Stadt;
sein Blick durchbohrte mich wie eine Lanze.
Nun macht ein solches Schuldgefühl mich platt,
daß ich wie im Wahne nah an einem Abgrund tanze.
Ich fürcht', was ich hier tat, macht gar nichts anderes mehr gut,
als daß ich fließen laß' mein eig'nes Blut.
Am Besten wohl werd' ich mich selber plastinieren.
Dann kann der gute Doktor mich,
geschnitten schön in dünne Scheiben,
zu Forschungsfinanzierungszwecken in alle Welt vertreiben.

III. AKT – 9. Szene

Faustens Haus

Mephisto tritt auf.

MEPHISTO — Ah, da ist ja der Herr Günther, und wie ich seh', will er schon wieder geh'n

und das Gretchen, das soll ungemeuchelt bleiben
hier im Raume steh'n?

GÜNTHER Nun, ich will nicht heucheln,
es liegt mir nicht, das Meucheln.

MEPHISTO Das ist mir wurscht, mein Freund!
Der Faust, er rennt verwirrt und liebestoll durch
alle Welt,
weil Gretchen er für immer noch lebendig hält!
Und wer ist daran schuld? Des Doktors sonst so
treue rechte Hand,
die für das bißchen Meucheln sich nicht in der
Stimmung fand.

GÜNTHER Oh, bitte glaubt mir doch, dem Faust sein
Gretchen killen kann ich nicht,
zu tief steh' ich beim Doktor in der Pflicht!

MEPHISTO Was?

GÜNTHER Er fand als Säugling mich in einer Abfalltonne.
Er nahm mich freundlich bei sich auf.
Er gab mir eine Kindheit voller Freude, voller Wonne
und dadurch einen menschenwürd'gen Lebenslauf …

Er sinkt weinend an Mephistos Brust.

MEPHISTO Was interessiert mich Eure läpp'sche Not,
macht auf der Stelle jetzt das Gretchen tot!

GÜNTHER Aber das kann ich nicht, nein, nein!

MEPHISTO Keine Sorge, mit Hilfe meiner Zauberkräfte wird es
dir ein Leichtes sein.

GÜNTHER Neeeeeeiiiiiiiiiiiiinnnnnnnnnn!

Günther reißt die Arme hoch, um sich zu schützen, mit seinen Unterarmen dadurch unbeabsichtigt ein Kreuz bildend. Mephisto beginnt zu niesen.

MEPHISTO Aaaaaahhh! Hörst du wohl auf, Kerl, deine Arm'
zu einem Kreuz zu schlagen!
Hatschi! Hatschi! Hatschi!

GÜNTHER Ha! Die gekreuzten Arme halfen mir.
Nun nichts wie hin zum Elixier,
auf daß ich selbst mich plastinier'!

Günther flieht. Mephisto kommt zu sich und reibt sich die Augen.

MEPHISTO Bei meiner Höll'! Will hier denn gar nichts mir gelingen?
Was ich auch tu', wie auch immer ich geh' vor –
es wird stets ein Eigentor!

FAUST *von draußen* Mephisto! Wo bist du?

MEPHISTO Faust! Nun werde ich, kost' es, was es wolle, mir den Erfolg erzwingen!

III. AKT – 10. Szene

Faustens Haus

Auftritt Faust, zunächst ohne Mephisto und Gretchen zu bemerken.

FAUST Ich sah den Günther mit dem Gretchen!
Er schob mein Lebensglück gefesselt
auf einer Karre durch das Städtchen!

Faust erblickt Mephisto und das immer noch gefesselte Gretchen.

FAUST Ha, mein Freund! Du hast das Gretchen schon gefunden?

MEPHISTO Ja. Aber nur, um's wieder dir zu nehmen.

Mephisto packt Gretchen und hält ihr ein großes Messer an den Hals.

FAUST Oh nein, was hast du vor?!

MEPHISTO Ich weiß, das trifft dich jetzt, und ich gesteh' auch ein, ein wenig mich zu schämen.

Nur mußt du auch versteh'n, daß ich der Teufel bin,
das heißt mit ander'n Worten: Mir zu trau'n, hat nicht viel Sinn.

FAUST Mephisto, alter Kampfgenosse,
was spielst du hier für eine Posse?

MEPHISTO Weißt du, depressive Akademiker
hab' in der Hölle ich genug –
mit einem Wort: Unser Blutsvertrag, er war Betrug.

FAUST Was?

MEPHISTO Vordringlich jedoch bin ich beauftragt worden von der mir vorgesetzten Stelle,
dich beiseit' zu schaffen auf die Schnelle!

FAUST Mich beiseit' zu schaffen?

MEPHISTO Richtig. Nur mußt halt gänzlich freiwillig du geh'n!
Und das wirst du wohl, denn sonst werd' ich dem Gretchen hier
eins, zwei, drei den Hals umdreh'n.

FAUST Oh, was bist du für ein Abschaum doch, für eine hinterhält'ge, falsche Höllenbrut,
ich könnte platzen glatt vor Wut!
Wo ist mein Kruzifix?!

MEPHISTO Das hast du wohl verlor'n.
Nun hör' schon auf zu jammern und zu klagen,
und geh' dir endlich an den Kragen!

FAUST Leicht gesagt, es ist sehr schwer, den letzten Schritt zu geh'n.

MEPHISTO Dann mußt du Gretchen sterben seh'n.

FAUST Nein, bitte, laß das Gretchen leben,
ich will dir ja mein Dasein geben.

MEPHISTO Dann spring' jetzt auf die Schnelle
hinab in meine Hölle.

Er schnipst mit den Fingern, eine Bodenklappe öffnet sich, rötlicher Qualm steigt aus der geöffneten Klappe.

FAUST — So leb' denn wohl, mein Gretelchin,
und behalte stets mich gut im Sinn.

Faust will in die Höllenöffnung springen.

III. AKT – 11. Szene

Faustens Haus

Erzengel Gabriel und Erzengel Michael treten auf, vermummt.

MICHAEL & GABRIEL — Halt ein!

MEPHISTO — Was heißt: „Halt ein"? Seid ihr euch nicht im Klaren,
wer hier vor euch im Raume steht?

MICHAEL — Das sind wir wohl, denn wir sind Michael …

GABRIEL — … und Gabriel …

MICHAEL — … von des Himmels Heeresscharen!

MEPHISTO — Ach je, die Ätherschwuchteln! Müßt ihr euch immer denn an meine Fersen schmiegen
wie die letzten Kompostfliegen?

GABRIEL — Das müssen wir. Denn wen du da als Geisel hast in deiner Macht …

MICHAEL — … ist unsere Kollegin, die über Faust hier unten wacht.

FAUST & MEPHISTO — Was? Das Gretchen ist ein Engel?!

MICHAEL & GABRIEL — Jawohl!

MICHAEL — Und du bist raus, du frecher Bengel!

Die Erzengel schnipsen mit den Fingern, Mephisto wird durch eine unsichtbare Kraft von Gretchen weggestoßen, seine Hände werden an seinen Körper gepresst, und er bleibt steif wie ein Brett im Raume stehen.

MEPHISTO — Wie hübsch und hinterhältig!
Dabei bin ich der Meister doch im Bereich von Zauberei und Lug und Trug.

MICHAEL — Das mag sein.

GABRIEL — Doch jetzt sind wir am Zug!

Sie schnipsen abermals mit den Fingern. Gretchens alias Raphaelas Fesseln lösen sich, sie streift sie ab und schlägt dann die Höllenklappe zu.

MEPHISTO — Schön, schön, doch dies Unten hier ist mein Revier.
Nehmt euren Engel mit,
dann sind wir quitt.
Und nun, bittschön, verschwindet hier!

MICHAEL & GABRIEL — Nein!

MICHAEL — Nur ein Menschenwesen kann uns bitten,
einen Ort, den wir betreten haben, wieder zu verlassen.

GABRIEL — Drum muß auch ein Mensch die Bitte schön in Worte fassen.

III. AKT – 12. Szene

Faustens Haus

Jungfer Marthe tritt auf.

MARTHE — Meine beiden Fäuste schlafen,
nun such' ich einen neuen Hafen.

Sie erblickt Erzengel Gabriel und Erzengel Michael.

MARTHE — Ah, hier seh' ich zwei neue Fäuste steh'n!
Ich bitt' euch sehr, mit mir zu geh'n!

MICHAEL & GABRIEL — Ach je, ach je, ach je …

Jungfer Marthe mit den beiden Erzengeln ab. Mephisto lacht ihnen hinterher.

FAUST Nun hab' ich kapiert,
wie ein Engel funktioniert.
MEPHISTO Was?
FAUST Mein liebes Gretchen, bitte sehr,
folg' ins Bett mir hinterher.
RAPHAELA Ach je, ach je, ach je …

Faust mit Raphaela-Gretchen ab. Mephisto bleibt gefesselt zurück.

MEPHISTO Haaaaaaaaaaaaaaaaaaaaaaaalt!
Ja ist denn das zu fassen?
Jeder geht hier ab, wie's ihm gefällt,
und hat auch keine Scham, den Chef der Unterwelt
hier wie 'nen Trottel steh'n zu lassen.
Irgendwer zurück zu mir,
sonst werde ich hier gleich zum Tier!

III. AKT – 13. Szene

Faustens Haus

Jungfer Marthe tritt auf, einen lauten Seufzer von sich gebend.

MARTHE Die neuen Fäuste bringen's nicht,
was ich brauch', das ist ein Schwergewicht.

Sie erblickt Mephisto.

MARTHE Ihr scheint mir ziemlich steif zu sein.
MEPHISTO Ein bißchen zu steif, seht's nur ein.
MARTHE Ihr habt Recht! Was soll ich mit 'nem betonierten
Brett in meinem Bett!

im Abgehen Für die Pflicht und für die Kür,
freie Fäuste her zu mir!

Jungfer Marthe ab.

MEPHISTO Liebes Väterchen im Himmel, laß' nun was Gutes mal gescheh'n!

III. AKT – 14. Szene

Faustens Haus

Faust kommt zurück.

FAUST *düster* Wie ich mich mühte lang und länger,
es half mir nichts, er blieb ein Hänger.

MEPHISTO Was?!

FAUST Das, was mich vom Gretchen trennt,
nennt die Fachwelt „impotent"!

MEPHISTO Nein!

FAUST Doch!

MEPHISTO Das tut mir aber leid!

FAUST Nun bin ich bereit,
den allerletzten Schritt zu geh'n,
drum sage ich der Welt:
Auf Nimmerwiederseh'n …

Faust ab. Mephisto lacht ihm hinterher.

MEPHISTO Hahahahahahahohohohohihihihihi!
Da zieht er hin,
nur Tod im Sinn.
Jetzt gilt es nur, den Himmelvater noch zu überzeugen,
daß durch mich das End' vollzog sein Faust, sein Menschheitsmustersohn.

Und da ich sehr gut lügen kann, werd' die Wahrheit
ich schon beugen.
Das heißt, sobald ich mich befreit hier hab', sitz' ich
auf dem Himmelsthron!

Mephisto bekommt einen Lachanfall.

III. AKT – 15. Szene

Faustens Haus

Erzengel Raphaela tritt auf, völlig zerzaust und teilweise noch in der Gretchen-Kleidung, aber bereits wieder als Engel erkennbar. Mephisto noch immer durch unsichtbare Stricke gefesselt.

RAPHAELA Wo ist der Faust?
MEPHISTO Weg, weg, hinweg. Und ich bin bald der Chef im
Himmel!
RAPHAELA Ich glaube nicht, daß du das bist!
Und vielleicht bist du bald auch nicht mehr
der Chef im Erdgewimmel.
MEPHISTO Wieso? Der Faust macht seinem kleinen Leben
g'rad durch mich ein Ende.
RAPHAELA Seinem kleinen Leben? Ich fürcht', er nimmt g'rad
unser aller Schicksal in die Hände.
MEPHISTO Wie?
RAPHAELA Wie, weiß ich nicht. Als eben er versagte draußen da
vor mir als Mann,
deutete er äußerst düster äußerst Düst'res an!
MEPHISTO Bei dem Projekt geht wirklich alles schief,
ich glaub', ich steck' in einem Tief.
RAPHAELA Dann hilf mir jetzt, den Faust zu hindern,
dann wird dein Tief sich sehr bald mindern.

Erzengel Raphaela schnipst mit den Fingern. Mephisto wird befreit, Raphaela ab, Mephisto trottet hinterher.

MEPHISTO *im Abgehen* Ach je, ach je, ach je …

Mephisto ab.

III. AKT – 16. Szene

Faustens Haus

Faust tritt auf, eine große Bombe schleppend.

FAUST Mit Himmel und mit Hölle bin ich quitt.
Und da auch, was dazwischen ist, mich ärgert,
nehm' ich auch die Erde mit.
Genauer die, die auf ihr wandeln
und am meisten sie verschandeln,
die blöde Menschheit lösch' ich aus,
dann bin ich auf der Erde hier
endlich ganz allein zu Haus'.
Nun gut, sicher geh'n auch ein paar Pflanzen
und ein paar Arten Tiere drauf.
Egal. Die meisten Gattungen kann eh man in die Tonne stanzen;
ich bau' mir einfach neue auf.
Nur um meinen Günther tut's mir etwas leid,
weil er treu zu mir stand lange Zeit.
Auch egal! Schließlich hatte er durch mich eine wunderschöne Kinderzeit.
Jetzt ist wichtig nur, daß ich selber überlebe,
und das ist kein Problem!

Er holt eine große Spritze hervor.

Denn die Pestbazillen, die Typhus-, Grippe-, Pockenviren,
die ich in der Bombe habe,

sie werden durch dies' Serum hier gegen mein Immunsystem verlieren.
Drum eins, zwei, drei, bevor die Bombe kracht und blitzt,
das Zeug in meine Adern mir vier, fünf, sechs gespritzt!

Er jagt sich die Nadel in den Arm.

Das hätten wir!

Er steckt die Spritze ein und kramt Streichhölzer aus seiner Tasche, um die Lunte der Bombe zu entzünden.

III. AKT – 17. Szene

Faustens Haus

Während Faust vergeblich versucht, ein Streichholz zu entzünden, treten Erzengel Raphaela und Mephisto auf.

RAPHAELA Faust, halt ein, was du da willst, das bringt kein Glück!
FAUST Das seh' ich anders, drum halt' ich weder ein, noch mich zurück.
MEPHISTO So geht das nicht. Hier müssen Zauberkräfte walten,
sonst bricht der Kerl uns das Genick.
RAPHAELA Beim Himmel nein,
hältst du wohl ein!
MEPHISTO Bei mir selbst warum,
das wär' doch dumm!
RAPHAELA Gott hat den Menschen ja den freien Willen einst gegeben,
und über dies Gesetz dürfen wir uns nicht erheben.
MEPHISTO Dann geht die Welt wohl diese Stunde
an Gottes Regelwerk zugrunde!

FAUST	Wenn zwei sich streiten, freut sich stets der Dritte; in diesem Sinne sage ich: Beim Sterben lächeln bitte!

Faust lacht, zündet nun ein Feuerzeug und nähert sich damit der Bombe.

III. AKT – 18. Szene

Faustens Haus

Klotz und Stange treten auf und sehen aus wie gerupfte Hühner.

KLOTZ	Hände hoch, du Bösewicht!
STANGE	Wir wissen wieder, wer wir sind.
KLOTZ	Drum kommst du jetzt vors Halsgericht!
MEPHISTO & RAPHAELA	Gott sei Dank!

Faust verbrennt sich die Finger am heißen Feuerzeug und läßt es fallen.

FAUST	Ja ist denn alle Welt hier gegen mich, läßt mich denn jeder hier im Stich?!

III. AKT – 19. Szene

Faustens Haus

Günther tritt auf, eine große Keule in der Hand.

GÜNTHER	Nein, mein Doktor!

Er schlägt Klotz und Stange die Keule auf den Schädel, sie fallen in Ohnmacht.

GÜNTHER *zu Faust* Ich steh' wieder fest an Eurer Seit'
und bin zu jeder Tat bereit.
So will ich jetzt, um mein Verhalten wieder gut zu machen, mich selber plastinier'n,
dann könnt Ihr mich verkaufen und Eure Forschung finanzier'n.

FAUST Was bedeutet „plastinier'n"?

GÜNTHER Das ist die Methode, mit Eurem alten Elixier Menschenkörper so zu konservier'n,
daß sie ihr frisch-lebend'ges Ausseh'n auch im Tod nie mehr verlier'n.

MEPHISTO & RAPHAELA Igitt, igitt, igitt!

FAUST Schaff' mir her das Elixier, ich will es an mich nehmen!

GÜNTHER Gern, Herr Doktor, nur muß ich dazu erst die große Spritze finden –
die hatte mit dem Elixier ich nämlich just ganz frisch befüllt.

FAUST Wie? In der Spritz' war nicht das Anti-Seuchen-Serum drin?

GÜNTHER Nein, das hat einen ander'n Zweck erfüllt.
Ich hab' es auf die Blumen wegen des starken Lausbefalls gespritzt.
Und es hat auch gut geholfen, da nirgends eine Laus mehr sitzt.

Faust schwankt.

FAUST Ah!

GÜNTHER Mein Doktor?

FAUST Wie fühl' ich plötzlich mich so dumpf …

GÜNTHER Vielleicht sind's wieder Depressionen?

FAUST Wie fühlt zum Platzen just sich an mein Rumpf …

GÜNTHER Vielleicht aßet Ihr zu viele Bohnen!

FAUST Alle Muskeln, Adern, Eingeweide werden wie Zement so hart.
Ich fühl' von Kopf bis Fuß mich zunehmend erstarrt!

GÜNTHER — Oh Gott, mein Doktor, habt Ihr Fieber? Mir scheint es, daß Ihr phantasiert!

Faust holt mühsam die leere Spritze hervor.

GÜNTHER — Oh nein, jetzt wird mir klar: Ihr habt Euch selber plastiniert!
Bleibt ganz ruhig, ich hol' ein Gegenmittel, weil sonst das Leben Ihr verliert!

III. AKT – 20. Szene

Faustens Haus

Jungfer Marthe tritt auf.

MARTHE — *zu Günther* Mein Faust!
GÜNTHER — Laßt mich durch, ich bin in Not.
MARTHE — Ich auch! Und weil Ihr wart von allen Fäusten doch der Beste,
trennt uns jetzt nur noch der Tod!
FAUST — Aaaaaaaahhhhhh …
GÜNTHER — Oh Gott, er stirbt, ich muß das Gegenmittel holen!
FAUST — Nein, Günther, nein!

Faust winkt Günther zu sich und läßt sich von ihm stützen.

FAUST — Besser ist, ich geh' jetzt ein.
GÜNTHER — Aber mein Doktor …
FAUST — Viel zu lang hab' ich die Welt mit mir belastet.
Am Schluß wollt' ich sie gar vernichten.
Und weil ich merke, daß meine Seele endlich Frieden haben will,
werd' auf das Gegenmittel ich verzichten.
MEPHISTO — Das rührt selbst den Teufel ja zu Tränen.

FAUST — Ach ja, Mephisto, dich will ich auch noch mal erwähnen.
Du kamst zu mir aus der Gruft
und benahmst dich wie ein Schuft.
Trotzdem gefällst du mir,
drum verzeihe ich von Herzen dir.

MEPHISTO — *sich schnäuzend* Danke.

FAUST — Aaahhhh …

GÜNTHER — Mein lieber Doktor!

FAUST — … ich seh' ein Lichtermeer auf meine Seele sinken,
und von Ferne da das Gretchen mir als Engel winken …

RAPHAELA — *den Tranen nahe* Ach je, ach je, ach je …

FAUST — Es ist nun Zeit, vor meinem Schöpfer mich zu neigen.
Lebt wohl, lebt wohl … der Rest ist Schweigen …

Faust erstarrt zum Plastinat, Günther macht ihm weinend die Augen zu. Jungfer Marthe nimmt den weinenden Günther eilig mit hinaus.

III. AKT – 21. Szene

Faustens Haus

MEPHISTO — Tja, nun ist er hin.

RAPHAELA — Ja, und das Spiel ging nicht in deinem Sinne aus.

MEPHISTO — Na und? Dafür nehme ich zumindest Faustens Seele mit nach Haus!

Es donnert.

GOTT — *unsichtbar aus dem Himmel* Nein, das tust du nicht!
Faustens Seele wünscht sich endlich Ruh' von deinem irdischen Theater,
drum kommt sie in den Himmel jetzt zum großen Übervater!

Gottes Stimme verhallt, es donnert noch einmal.

MEPHISTO *zu sich* Zum Teufel mit dem Alten!
RAPHAELA Nun, dann geh' mal auf die Schnelle
zurück allein in deine Hölle!

Erzengel Raphaela geht kichernd ab. Mephisto öffnet frustriert den Eingang zur Hölle.

MEPHISTO Verflucht, verflucht, verflucht …
zum Publikum Und ihr wacht auf und klatscht in eure Hände,
denn das Spiel ist jetzt zu Ende.

Er verschwindet in der Tiefe, der Höllendeckel schlägt zu. Das Licht reduziert sich auf den plastinierten Faust, blendet dann langsam aus.

ENDE

Weitere Texte der Woesner Brothers …

Ingo Woesner

Amadeus Löffel auf dem Weg zum Glück

Ein Roman über die Liebe

Amadeus Löffel, Student der Geschichte im zweiundzwanzigsten Semester, lebt allein. Mit seinem Goldhamster. Im Grunde könnte er glücklich sein, fehlte ihm zu seinem Glück nicht der Punkt auf dem „i": eine Frau. Aber entweder floh ihn das Glück, oder es mieden ihn die Frauen. Vielleicht sogar beides. Wie sonst ließe sich erklären, daß Amadeus auf seine zahlreichen Kontaktanzeigen nicht eine einzige Antwort erhielt. Und so schien es, als würde er allein bleiben müssen bis ans Ende seines Daseins. Doch eines Tages lag in seinem Postkasten ein rosaroter Brief – eine geheimnisvolle Einladung zu einem geheimnisvollen Rendezvous ...

Ab Herbst 2008 im Buchhandel!

Ralph Woesner

Die ausgehungerte Nonne

Frivole Verse für Volljährige

Dreiundsiebzig schräge Gedichte und Sprüche über das, was wir Menschen so gern das „Leben" nennen. Kostprobe gefällig?

Die kecke Schnecke

Eine kleine nackte Schnecke / kroch einmal durch eine Hecke.
Doch da im Drecke in der Hecke / saß auch eine böse Zecke!
Die Zecke hatte nichts gegessen / und war auf warmes Blut versessen
und dachte sich: ‚Die kleine Schnecke / bring' ich mal eben um die Ecke,
auf dass ihr warmes Blut mir schmecke.'. / Nur wollt' die kleine Schnecke eben
noch ein bißchen weiterleben / und begann mit lautem Weinen,
sich bei der Zecke einzuschleimen. / Die Zecke, empfänglich für den Schleim,
ging der Schnecke auf den Leim / und hatte dadurch bald vergessen,
worauf sie eigentlich versessen. / So dass am Schluss die kleine Schnecke
noch mal entkam der Mörderzecke! / Und die Moral von der Geschicht:
So schlecht ist Schleimen manchmal nicht!

Überall zu bestellen, wo es Bücher gibt – Bestellnummer:
ISBN-13: 978-3-8334-9850-3

Woesner Brothers

Chaos in Verona – Die wahre Geschichte von Romeo und Julia

Eine Komödie – sehr frei nach Shakespeare

Der pubertäre Heißsporn Julius Capulet soll auf Geheiß seiner Eltern die alte Gräfin Pariser heiraten. Das passt ihm nicht, und so erscheint er auf einem Fest, bei dem Vater Capulet seinen widerspenstigen Sohn mit der greisen Braut zusammenbringen möchte, in Frauenkleidern. Der Gräfin Begehrlichkeiten würden schon vergehen, wenn Julius ihr in Frauenkleidern gegenüberstünde. Aber Gräfin Pariser findet es reizend, den jungen Mann in Kleidern zu sehen, und drängt auf Beschleunigung der Heiratspläne.

Doch auf dem Fest befindet sich auch der Schwerenöter Romeo, der an Liebeskummer leidende Sohn der Montagues. Als Romeo Julius – den er für eine „Julia" hält – erblickt, glaubt er, seiner WAHREN Traumfrau begegnet zu sein. Und als Romeo dann erfährt, daß seine „Julia" verheiratet werden soll, zögert er nicht, ihr eine gemeinsame Flucht und die Ehe anzubieten …

19 Figuren, 7 Darsteller (2 Damen, 5 Herren)

Überall zu bestellen, wo es Bücher gibt – Bestellnummer:
ISBN-13: 978-3-8370-5519-1

Woesner Brothers

Zwei Genies am Rande des Wahnsinns

Ein komödiantisches Kammerspiel

In der grotesken Geschichte treffen sich zwei verkrachte Gestalten – ein Komiker in Geldnot und ein heruntergekommener Staatsschauspieler – auf einer Probebühne und versuchen vor anwesendem Publikum, das sie für faulenzende Bühnenarbeiter und Putzkräfte halten, einen Kleinkunst-Auftritt zu erarbeiten.

Doch beide gehen mit sehr unterschiedlichen Annahmen an die Arbeit: Der Komiker glaubt, die Veranstaltung sei eine Hochzeit. Und der Staatsschauspieler hat von seinem Agenten erfahren, es ginge um eine Beerdigung. So beginnt die Probe schon bald einen von Mißverständnissen und skurriler Situationskomik geprägten Verlauf zu nehmen, der unter Einbeziehung der „Bühnenarbeiter" und der „Putzkräfte" auf ein katastrophales Ende zusteuert …

2 Figuren (2 Herren)

Überall zu bestellen, wo es Bücher gibt – Bestellnummer:
ISBN-13: 978-3-8370-5566-5

Woesner Brothers

Körper, Mumien, Welten

Eine rabenschwarze Komödie

Leipzig, im Jahre 1884: Obergeheimrat Staub, Direktor des anatomischen Institutes, ärgert sich über den schlechten Ruf seines Hauses – es sei eine Menschenfleischerei. Ein Tag der offenen Tür mit sensationellen Präparaten wird geplant, um dem Gerede ein Ende zu machen. Der junge Anatom Dietrich von Dunkel, dessen Fähigkeiten von der Presse in den höchsten Tönen gelobt werden, soll einen Menschenaffen lebensecht präparieren. Aber was der Direktor nicht weiß: Der gute Ruf des Herrn von Dunkel trügt – die Presseberichte sind gekauft. Von Dunkel hat bislang lediglich Kleinstnagetiere präpariert und sieht jetzt seine große Chance, einen Wink des Schicksals, um seiner revolutionären anatomischen Vision zum Durchbruch zu verhelfen und sich unsterblich zu machen …

7 Figuren (2 Damen, 5 Herren)

Woesner Brothers

Amphitryons Hörner oder Beiß mich, kratz mich, gib mir Tiernamen

Eine Komödie – sehr frei nach Molière

Jeder Theatermacher kennt das Amphitryon-Thema, das seit der Antike immer wieder Autoren dazu veranlaßt hat, Bühnentexte zu schreiben – mit Plautus, Molière, Kleist und Giraudoux waren berühmte Namen darunter.

Trotzdem ist es reizvoll, die Möglichkeiten des Stoffes dramaturgisch und sprachlich aus heutigem Blickwinkel zu gestalten. Das Figurenensemble wurde verkleinert, die Geschichte dichter erzählt, die Verse pointierter und drastischer gesetzt, die Konflikte mit überraschenden Wendungen auf die Spitze getrieben und der Schluß radikaler gelöst. So ist eine Komödie entstanden, über die die „Berliner Morgenpost“ schrieb: *„Die wievielte Variante des ... Stoffes die Woesner Brothers ... kreiert haben, ist nicht bekannt. Eines aber ist klar: Die Zwillingsbrüder Ingo und Ralph Woesner haben der Geschichte mit neuen Reimen die zotig-derbe Krone aufgesetzt.“*

9 Figuren, 5 Darsteller (2 Damen, 3 Herren)

Überall zu bestellen, wo es Bücher gibt – Bestellnummer:
ISBN-13: 978-3-8370-5567-2

Woesner Brothers

Hamlet ausser Kontrolle

Eine Boulevard-Komödie

Nach mehreren fulminanten Flops plant Stefan Spülburg, mittelmäßiger Filmregisseur mit großen Ambitionen und noch größeren Geldsorgen, seinen ganz großen Durchbruch: die Verfilmung des Shakespeare-Klassikers „Hamlet". Tausende und abertausende Schüler werden in die Kinos strömen ... Die Schüler werden ihre Eltern und Großeltern in den Film schicken ... Schließlich wird eine ganze Nation im Hamlet Fieber sein ...

Spülburg ist clever: Er weiß, dass Herzblut und ein guter Stoff alleine heutzutage nicht mehr ausreichen. Nur mit bekannten Film- und Fernsehstars ist der Erfolg bei Kritik, Publikum und an der Kinokasse zu schaffen. Deshalb verpflichtet er einige der beliebtesten deutschen Kinogrößen. Um deren saftige Gagen zu finanzieren, spart er an allen anderen Ecken und stellt für Crew und Nebenrollen die billigste und gleichzeitig untalentierteste Truppe zusammen, die überhaupt zu kriegen ist. Doch schon am ersten Drehtag ist die Katastrophe perfekt, und alles läuft ganz anders, als es sich Spülburg gewünscht hat …

10 Figuren (2 Damen, 5 Herren)

Überall zu bestellen, wo es Bücher gibt – Bestellnummer:
ISBN-13: 978-3-8370-5568-9

Die Woesner Brothers

Die in Berlin-Mitte geborenen Zwillingsbrüder kamen, wie so viele, über Umwege zur Kunst. Nach einer Facharbeiterausbildung schlugen sie sich zunächst mit den unterschiedlichsten Jobs durchs Leben, als Pförtner, Telegrammbote, Kurierfahrer, Verkäufer und Telefonist.

Parallel dazu standen sie auf Ostberliner Amateur-Bühnen und „machten Quatsch". Von 1987 bis 1992 studierten sie dann an der Hochschule für Schauspielkunst „Ernst Busch" in Berlin. Und waren danach – unabhängig voneinander – an verschiedenen Theatern in Ost und West als Schauspieler, später auch als Regisseure und Autoren engagiert.

Seit Mitte der 90er Jahre arbeiteten Ingo und Ralph Woesner freiberuflich und sammelten dabei wertvolle Erfahrungen im Kulturmanagement und im TV-Bereich als Schauspieler, Caster (Ingo Woesner), Autor und Producer (Ralph Woesner), wovon sie heute bei ihren eigenen Projekten stark profitieren. Im Herbst 2001 gründeten sie schließlich ihre Theaterproduktion **„Woesner Brothers Entertainment"** und begannen, gemeinsam Bühnenprojekte außerhalb subventionierter Theaterbetriebe zu produzieren.

Seit 2001 haben sie sich auf zahlreichen Bühnen in ganz Deutschland einen Namen gemacht: mit komödiantisch inszenierten alten und neuen Klassikern, klassischer Komik des 20. Jahrhunderts, Komödien aus eigener Feder und – last but not least – mit ihren Kleinkunst- und Comedy-Programmen.

Mehr unter:
www.woesner-brothers.de